四川省乳类加工产业发展战略

主 编 唐善虎
副主编 李思宁 李自成 刘海燕

科 学 出 版 社
北 京

内 容 简 介

本书通过对国内外乳类加工产业发展现状进行综述和分析，进一步通过大量调研、数据收集和分析，剖析国内外乳业发展瓶颈问题，特别是制约四川乳业发展的关键问题，并结合四川乳类加工发展现状和实际情况提出四川乳业的发展方向、应对措施和发展技术路线图。全书包括绪论、国内外乳业发展及现状研究、四川乳业发展及现状研究、四川省乳业及技术发展分析、四川省乳业发展技术路线分析和四川省奶业技术路线图6章。本书为指导四川乳业的发展和应对国外乳业的竞争提供重要的参考。

本书适用于各大专院校食品科学与工程、食品质量与安全和动物科学等相关专业的本科生、研究生和教师、从事乳品或畜产品加工研究的工作者、乳品企业的技术人员及管理者和政府相关部门的管理决策人员，用于了解乳品产业发展及四川省乳类产业发展现状、未来发展规划及乳产业研究。

图书在版编目（CIP）数据

四川省乳类加工产业发展战略 / 唐善虎主编. —北京：科学出版社，2016.12

ISBN 978-7-03-051088-4

Ⅰ.①四… Ⅱ.①唐… Ⅲ.①乳品工业—经济发展战略—研究—四川 Ⅳ.①F426.82

中国版本图书馆CIP数据核字（2016）第305371号

责任编辑：杨 岭 韩雨舟/责任校对：江 茂

责任印制：罗 科/封面设计：墨创文化

科学出版社 出版

北京东黄城根北街16号

邮政编码：100717

http://www.sciencep.com

成都锦瑞印刷有限责任公司印刷

科学出版社发行 各地新华书店经销

*

2016年12月第 一 版 开本：787×1092 1/16

2016年12月第一次印刷 印张：6.5

字数：200千字

定价：68.00元

（如有印装质量问题，我社负责调换）

编 委 会

前言

四川省位于中国大陆西南腹地，东部为川东平行岭谷和川中丘陵，中部为成都平原，西部为川西高原，与陕西、贵州、云南、西藏、青海、甘肃、重庆诸省市交界，是中国西部综合交通枢纽、中国西部经济发展高地；是“丝绸之路经济带”和“一带一路”发展战略的重要组成部分；是中国重要的经济、工业、农业、军事、旅游、文化大省。

四川乳业是我国重要的乳制品生产和消费地区，主要分布在眉山、成都、绵阳、南充、达州、凉山、雅安、资阳、自贡等9市州。其中眉山市为四川省及西南地区的乳业大市，成都为主要的乳制品加工区。通过“十五”、“十一五”和“十二五”规划的实施，四川乳业得到迅速发展。四川的乳类发展与全国基本同步但略有落后，特别是在技术水准、平均产乳量、人均消耗量等方面达不到全国指标；在奶源、市场持有率等方面又具有优势。具体体现在牛羊群数量多，草场资源丰富，但是奶牛、乳羊数量相对较少导致产乳量低；市场潜力大，但乳品供给率低，生产力差。2013年，全省存栏奶牛20头以上规模饲养场占54.8%，奶牛养殖5头以下的散养农户1/6左右逐步退出奶牛养殖，呈现小规模分散养殖向适度规模养殖集中发展的趋势。四川省作为全国畜牧业大省，其乳业的持续健康发展对西部地区乃至全国的乳业发展都会起到积极作用。

本书在总结国内外乳业发展情况的基础上，通过对四川省乳业的调研及数据分析，针对四川和成都市的乳业发展情况进行综合分析，提出四川省乳产业发展技术路线图。全书共分为6章。第1章对乳业发展社会需求分析、乳业发展技术现状、乳业发展战略研究范围、乳业发展技术瓶颈问题和乳业发展对策及建议进行综述。第2章在查阅大量国内外文献的基础上，通过电话交流和个别企业技术人员面对面交流，对国内外乳类产业发展及现状进行剖析。针对乳业较发达国家产业模式，国内乳业发展历史、发展现状、发展前景、发展过程存在的问题及解决对策等进行系统全面的总结。第3章通过对四川省乳品企业和奶源基地现场调研，收集大量现场相关数据和资料，并结合查阅部分资料进行统计分析，对四川奶源、基地建设、加工、奶产品、营销等乳类产业发展及现状进行分析和综述，并提出四川省乳类产业发展的对策。第4章为了确定四川乳产业发展目标，对收集的调研材料和信息作进一步分析和加工。基于这些材料，进一步对四川乳产品发展特点、乳产业的牧草和饲料、奶牛养殖技术、加工技术和市场进行分析；剖析四川乳产业市场需求主要要素；并利用SWOT方法对四川乳产业进行分析，确定四川乳产业发展目标。第5

章基于调研材料，本章针对四川省乳类产业发展技术研究与应用技术进行分析；同时，对四川省乳类产业发展产业技术创新进行分析；在此基础上，对四川省乳类产业发展技术研发与应用项目及技术风险进行分析，并开展四川省乳类产业发展技术路线分析。第6章是对1～5章的综合分析和总结，通过对国内外乳业发展现状、发展趋势、市场前景、四川乳业发展基础、四川乳业发展目标、发展技术和创新需求及产业发展需求，提出四川未来3～5年和10年内需要解决的重大问题和发展技术路线图。

本书由唐善虎、李思宁、王柳、李自成、白菊红、陈驰、侯晓卫、卢付青、伍七林、闫利国、刘海燕、杨林、欧邦伟、易军、段雪梅、刘媛、赵洋、向松涛等编著，新希望乳业、杨森乳业等多家企业参与了编写工作和讨论工作。本书获得了成都市科技计划、四川省科技支撑计划及国家科技支撑计划资助。

由于时间仓促和编写水平有限，本书存在的不妥和疏漏之处，恳请各位同仁和读者批评指正。

作者

2016年10月

目　　录

第1章　概　述

【本章摘要】本章主要对乳业发展社会需求分析、乳业发展技术现状、乳业发展战略研究范围、乳业发展技术瓶颈问题和乳业发展对策及建议进行综述。

1.1　乳类产业发展社会需求分析

1.1.1　人体重要营养素来源

乳的基本成分是水、蛋白质、脂肪、乳糖、矿物质以及多种维生素，几乎包含人体所必需的所有营养成分。其中乳蛋白含有人体必需的氨基酸，消化率可达90%～100%，是补充人体蛋白质的最佳来源；乳脂肪颗粒小，呈高度乳化胶态，容易被人体吸收，并且含有人体必需的脂肪酸和磷脂等；乳糖是乳中主要的碳水化合物，经人体内消化可得到葡萄糖和半乳糖，是参与多肽、氨基酸和脂肪酸合成及能量代谢的唯一碳源；乳中的矿物质丰富，包括钾、磷、钙、铜、锰、锌、碘等，在人体内容易被消化吸收；乳含有几乎所有的维生素。总之，乳是营养成分比较完全的食品原料，美国营养学界把乳及乳制品作为居民每天必须进食的四类基本食品之一。

1.1.2　乳产业发展是现代社会物质生活水平提升的重要组成部分

随着人们物质生活水平的不断提高，乳类产业发展显得越来越重要。我国乳业发展有着悠久的历史，但产业发展相对滞后，乳品消费量非常少。除牧区少数民族居民有食用乳品习惯外，其他地区大部分居民还未形成消费乳及乳制品的习惯，特别是偏远地区的农村居民几乎不消费乳品。改革开放以来，随着人们收入和生活水平的逐步提高，以及营养膳食知识和乳品饮用知识的不断普及，人们亦越来越注重生活质量和膳食结构，乳品需求呈现快速增长趋势。1949年，我国奶类总产量为21.7万t，1959年增长至29.9万t。之后10年，奶类产量经历了波动性发展。总体来看，1978年以前在“以粮为纲”的政策背景下，奶类生产一直作为副业，增长缓慢，到1978年奶类产量为97.1万t。20世纪80年代中期以后，居民食品消费开始向质量型转变，奶类生产、乳品加工和消费的放开，促进了我国奶业的迅速发展。2000～2007年，我国乳品消费总量和人均消费量不断增加，乳品消费总量从620.9万t增加到2184.5万t，年均增长率为19.69%，而人均乳品消费量年均增长率为19.25%，增长速度均较快。2008年，“三聚氰胺事件”爆发，严重影响了我国乳业的奶业发展，之后几年，我国奶产量涨幅较慢。数据显示，2012年全球的奶类总产量约为7.49亿t，人年均占奶量约为107kg，而我国2011年奶类总产量约为3825万t，人年均占奶量仅为27.3kg，只有全球平均水平的25.5%；2014年，我国奶类总产量达到3841.2万t，人均占奶量为28.08kg，增长幅度较慢。消费水平与世界平均水平及消费发达国家水平相比仍有较大差距，我国乳品消费市场存在很大的发掘潜力。

我国乳业从20世纪90年代末期至今，完成了发达国家几十年，乃至上百年的从传统乳业到现代乳业的改造。在这短短十多年时间里超常规、高速度发展，已基本形成一个独立的产业。奶牛养殖从小、散、低的养殖模式逐步转向规模化、标准化、集约化发展。我国乳业在经历了全球经济危机的冲击之后，引发行业转型升级，开始启动国际化的进程，提高产业集中度。截至2013年，我国奶牛存栏量达1440多万头，原料奶产量达3700多万t，已跃居世界第三大乳业国；经过整顿并重新登记注册后，乳品企业数量从1500多家减少到650家，乳品企业销售收入达2400多亿元，利润总额达160亿元；乳制品生产总量达2698万t，乳品进口183万t，国民人均牛奶占有量达27.8kg；从事奶牛养殖的农户达200多万户；我国已经成为名副其实的奶业生产和消费大国。虽然，我国乳业产业已基本形成，但还不成熟，仍处在初级发展阶段，与乳业发达国家相比，还有很大差距。这些差距主要体现在：奶牛良种化程度低，单产水平不高，单产仅为乳业发达国家的一半左右；奶牛养殖规模化、标准化、集约化程度低，饲养管理还比较粗放；乳品企业布局、规模、产能不够合理，产品结构单一，产业集中度不高，盈利能力低；乳业产业链发展不平衡，大规模、现代化的乳品加工与分散的、粗放的奶牛养殖不相匹配；过剩的生产能力与紧缺的原料奶供应，造成行业发展瓶颈；行业平等竞争、有序发展、良性循环的市场环境尚未形成，质量安全事件屡屡发生，产业链利益分配不合理，生产全过程监督管理跟不上；国民人均牛奶占有量是亚洲平均值的50%，世界平均值的1/3，饮奶公益宣传不够，国民饮奶意识不强等。按照国民人均牛奶占有量达到亚洲平均水平计算，我国乳制品行业市场的扩容量为8000亿～10000亿元，至少还有10年的黄金发展期，其发展潜力和市场空间巨大。

乳品的种类丰富多样，主要有鲜乳品、酸奶、奶粉、干酪、奶油等，我国居民消费种类主要集中于前三种。国际上奶类资源加工产品组合利用方案主要有三种。奶源稀缺的地区主要以液态奶产品为主，并辅以奶粉的产品制造；奶源比较丰富的地区多以奶油产品为主，常辅以干酪素、乳糖等副产品的制造；奶源充裕的地区常以中、短保质期的奶酪产品为主并辅以乳清制造。采用何种奶产品组合方案，是与该地区的资源分布和社会消费水平相联系的。与国外乳品消费相较而言，我国乳品消费的种类相对单一，主要集中在奶粉、鲜奶和酸奶上，而国外居民的乳品消费除以上三类外，还有干酪、奶油、炼乳、乳清粉等多种大品种，且每个大品种下还分出很多小品种。我国奶粉品种可以说是品种最全的国家之一，但除奶粉和液态奶外，我国居民一般不习惯消费干酪、黄油等干乳制品。不过随着乳品业的发展步伐加快，我国市场上出现越来越多的乳品品种。在很多一线城市如北京、上海、天津等地出现了花色奶、干酪、超高温灭菌奶和配方奶粉、“生态奶”和“免疫奶”等新产品，乳品市场越来越丰富，可供广大消费者选择的范围也越来越广。在乳品消费过程中，一般要经历三个阶段：一是奶粉阶段；二是液体奶阶段，随着工业技术的不断发达，人们找到了灭菌技术，开始把鲜奶杀菌装进能保鲜的包装容器里供居民消费；三是干酪、奶油阶段，随着人们生活水平的不断提高，人们已不再满足于水分达30%多的液态奶，转而追求食用乳品的精华，于是奶油、干酪等乳制品成为现代国人追求的焦点，有待继续发展。我国乳制品的产品组合以初级加工产品为主，与乳业发达国家相比，加工程度低，加工种类少，这主要与我国居民的消费习惯及经济发展水平有关。

我国乳品消量的增长动力主要来自于城镇居民的消费，牧区是我国奶类消费的另一个集中市场。在新疆、内蒙古、青海、西藏以及宁夏、四川、黑龙江等省、自治区有大量以畜牧业为主的农牧区，由于原料奶是这些地区的主要产品，因而生活于这些牧区的居民长期把奶类产品作为他们的主要食品来源，牧民作为我国农村居民的一个特殊群体，是唯一有饮用乳品习惯的群体。牧民消费乳品的量比其他地区高出很多，消费品种和结构也相对更加丰富。随着我国城镇化进程的推进，农村居民将逐步成为消费乳品的生力军。

我国乳品消费市场巨大，每年我国要新增人口600万，新增人口每年乳制品消费能够增长4%～5%。我国目前正处于城镇化的过程中，每年城镇化率提高1～1.2个百分点，城镇化的加快对我国乳制品市场的发展有很大的促进作用。特别是二孩政策的出台，进一步增加了乳品的消费量。根据国家目标，2020年之前居民收入增长要超过10%，按照相关研究成果，10%的增长可以拉动奶行业8%的增长；目前我国人均奶类消费量为34kg，是亚洲平均水平的1/2、世界平均水平的1/3、意大利平均水平的1/8，预计到2020年乳制品消费市场的容量将增长1倍达到6000万t，这是我国乳制品消费市场的刚性增长。随着社会经济的发展和人们生活水平的提高，人们的膳食结构必然有重大改变，这就要求奶制品行业更高更快更好地发展。

1.2 乳类产业发展技术现状

1.2.1 原料乳供应

2013年，我国牛奶的产量和奶牛存栏量有所下降，但转型升级明显加快，家庭养殖模式因为效益的问题快速退出养殖市场，使标准化规模养殖大幅度提升，百头以上的奶牛存栏比重达到41%，比2008年提高了20多个百分点；从装备上看，机械化挤奶率达到90%以上，全混合日粮(TMR)信息化、智能化管理系统广泛应用在乳类加工企业的装备上；从质量上看，国家制定了一系列法规和标准，并实施了全产业链的严格监管，生鲜乳和乳制品的质量水平明显提高，据监测，牧场生鲜乳蛋白率、脂肪率分别保持在3.3%和3.8%，卫生指标也有很大的提升，生鲜乳抽检100%合格，乳制品抽检合格率达到99.8%，可以看出，乳制品是最安全的食品之一；从效益上看，在养殖环节，2012年我国每头奶牛年净收入达到4952元，同比增长15%，在加工环节，像伊利、蒙牛这些大型的企业收入都达到400亿元，2016年有望超过500亿元；从整体素质上看，由于我国标准化养殖的快速推进，我国奶业正由传统产业向现代化产业快速转变，生产效率大幅提升，整体素质明显提高；从政策上看，奶业是我国优先发展的产业，近年来，各种法律法规的出台，使奶业做到了有法可依、有章可循，同时，中央政府和地方政府出台一系列扶持政策。目前奶业发展备受国内外同行的关注，社会宏观大环境非常有利于我国奶业的发展，奶制品行业的投资高涨，从业者积极性明显提高。

1.2.2 企业规模比例

按所处地理位置不同，乳制品企业可分为基地型企业与城市型企业。基地型企业以内蒙古的蒙牛、伊利，黑龙江的完达山等为代表，它们接近奶源但远离消费市场，以生产保质期较长的超高温灭菌奶(UHT奶)与奶粉为主。城市型企业以北京三元、上海光明、四川新希望等为代表，它们贴近消费市场，但远离奶源，以生产保质期较短的巴氏奶与酸奶为主。

我国大型乳制品企业只占2%，中型乳制品企业占17%，81%都是小型乳制品企业。在乳制品业快速发展的过程中，由于乳制品业的市场进入壁垒很低，许多小型乳制品企业进入乳制品市场。虽然自2002年起，我国小型乳制品企业数量在减少，大中型乳制品企业数量有所增加，但截至2007年，我国大中型乳制品企业仅仅占乳制品企业总数的19%。乳制品企业规模比例的严重失衡，直接影响了乳制品市场的发展，我国大中型乳制品企业的数量依然有待增加。

大中型乳制品企业投入到奶源建设、生产设备、冷链设备中的资金更多，在新产品研发、广告效应、市场推广中也有更充足的经费。大中型乳制品企业所引进的生产线大多是先进设备，生产效率高；但在销售淡季时，常常出现产能过剩，资源浪费的现象。目前多数小型乳制品企业使用陈旧的加工设备，只能生产出附加值低的普通奶粉，这就造成生产效率低、原料过度浪费等问题，由于企业资金有限，小型乳制品企业投入在新产品研发上的经费相当少，为了获得一定市场份额，小型乳制品企业经常模仿大型企业的新产品进行炒作，这难免扰乱市场竞争的有序进行。

1.2.3 产品结构

我国乳制品业起步较晚，产品结构单一，主要以液态乳和奶粉为主，其中奶粉始终占据乳制品业大量生产份额。而我国原奶基地的生产规模小、产量少，截至2013年，原奶总产量为3700 $\times10^4$t，人均原奶量为每年34kg，仅为国际平均水平的1/3左右。由原奶到奶粉需要经过净乳、杀菌、浓缩、干燥等过程，生产奶粉消耗的能源及损耗的营养比生产液态乳多几倍。大量的原奶用于生产奶粉，导致生产液态奶、乳酪等其他乳制品的原奶变少，难以实现利润最大化。

大量的液态乳和奶粉冲击乳制品市场，使得乳制品市场同质化现象严重，竞争激烈。而乳酪、干酪、黄油等竞争较弱、利润较高的产品微乎其微，尤其是深加工、高科技和高附加值的产品更少，在国内基本没有生产。虽然一些品牌乳制品企业正在积极招商引资，引进技术准备炼乳、干酪等产品的生产，但收效并不明显。

1.2.4 市场份额

尽管我国在2008年制定的《乳品质量安全监督管理条例》中明确要求，要加强奶畜养殖、生鲜乳收购、乳品生产、经营、进口等各环节的监督检查，但是乳制品的质量问题依然层出不穷。继“三聚氰胺事件”后，我国乳制品业的安全问题一波未平，一波又起。2010年上半年，蒙牛公司被国家质检总局责令禁止向“特仑苏”牛奶中添加致癌的OMP物质，同年8月的“激素事件”使国产奶粉遭遇又一轮的信任危机，这也给进口奶粉让出大片市场空间。

数据显示，我国乳制品消费量呈上升趋势，但由于问题乳制品的原因，很多居民不愿意消费国产乳制品，越来越多的居民在消费时开始选择进口乳制品。来自南京和上海海关的数据显示，2010年1～7月江苏口岸累计进口乳制品3155t，比上年同期增长了2.9倍；上海关区累计进口乳制品 9.7×10^4t，价值2.3亿美元，比上年同期分别增长7%和57.1%。进口乳制品的旺盛需求，也带动了进口乳制品价格的大幅上升。2010年1～7月上海进口乳制品平均价格为2319美元/t，大幅上涨46.9%，而7月份乳制品进口的平均价格高达2702美元/t，上涨70.8%，创下了2008年4月以来的新高。

1.2.5 乳制品加工种类

以加拿大为例，其液态奶市场(饮用牛奶和鲜奶油)占牛奶产量的39%，而黄油、奶酪、酸奶和冰激凌等牛奶制品占牛奶产量的61%，可见加工奶制品占原料奶的大部分。由于我国奶源生产基地主要集中在北方，而乳制品的消费市场又主要分布在大中城市和沿海经济发达地区，除北方地区及一些少量人群外，大多居民都没有食用炼乳类、乳脂肪类、干酪等的喜好。相比液态乳而言，奶粉有保质期较长且运输较方便的优势，这就使得近年来我国奶粉占乳制品比例始终在60%

以上，甚至高达80%。

1.3 乳类产业发展战略研究范围

1.3.1 战略目标

当前四川省奶业在快速发展过程中出现的主要问题有产业布局不合理、加工能力过剩、养殖水平低、企业与奶农关系不协调、原料乳供应不稳定、市场竞争无序、质量保证体系不健全等诸多问题，成为制约四川省奶业健康、可持续发展的障碍。从未来发展看，乳品市场需求潜力巨大。目前我国人均奶类消费与发达国家消费水平相比仍存在着巨大差距，也远远低于世界和亚洲平均水平。在未来5～10年，消费人群的继续扩大和人均消费水平的不断提高将促进我国乳品需求的持续扩张。

当前世界奶业逐渐从增加奶牛头数转向提高母牛单产水平方向发展。我国乳业发展经过近两年的市场洗礼，将低质低效的奶牛淘汰，把饲养条件差、管理水平低的奶户淘汰，为我国乳业实现资源整合，推进奶业升级，向规模化、专业化、集约化的奶业战略转变提供了机遇。近几年，由于国家有关奶业扶持政策和市场的双重作用，原料奶价格涨幅明显，养殖效益下滑的状况逐步得到缓解，奶牛生产保持稳定增长势头。

1.3.2 战略措施

奶源是乳品加工企业的命脉。由于四川省目前奶牛养殖的规模化程度较低，奶源优势没有得到充分体现。因此，乳业发展的首要战略是逐步提高原料奶生产规模化程度，开发奶源的盈利模式。同时，目前四川省的乳品企业众多，在现有资源条件下竞争过于激烈。根据国外乳品产业的发展经验和四川省的现实情况，产业的整合和集中是必然趋势。

(1)认真落实国家扶持政策，促进奶业持续稳定发展。认真贯彻国务院和农业部关于促进奶业持续健康发展的文件精神，加强国家扶持政策的宣传力度，加大奶业发展的扶持力度。扩大奶牛良种补贴实施范围，实施后备母牛补贴制度，完善奶牛重大疫病防治和扑杀政策，扶持建设标准化奶牛养殖小区，对牧业机械和挤奶机械进行补贴，加大对奶农的信贷支持，建立奶牛政策性保险。

(2)加强奶牛良种繁育体系建设，推进奶业生产方式转变。加强奶牛良种繁育，加大良种推广力度，优化奶牛群体结构，不断提高奶牛单产水平，延长奶畜使用年限。根据全国奶牛品种改良计划，制定和实施四川奶牛品种改良计划，推动全省奶牛良种登记和奶牛生产性能测定等基础工作的开展。建立和完善县乡奶牛技术推广体系，提高技术人员业务素质和产业服务水平。

(3)加快奶牛规模化养殖场和养殖小区的标准化改造。加速养殖模式转变，引导和鼓励分散奶农退出养殖，提高规模化、集约化养殖比例。改善饲养和防疫条件，提高机械化挤奶比例，全面推广玉米青贮饲料的生产和使用，推广奶牛全混合日粮(TMR)技术，加强饲草料基地建设，实行统一良种、统一防疫、统一操作规范，降低养殖成本，提高生产水平。坚持生产发展和防疫保护并重的方针，加强奶牛疫病的防控。

(4)建立生态牧场示范园区。随着我国乳制品消费市场的成熟和发展，生产有机牛奶必将成为奶牛养殖的发展方向。生态牧场正是顺应了这一趋势，在绿色循环经济理念指导下发展起来的。所谓生态牧场是指把奶牛养殖、农作物种植和饲养家禽融入一个系统，即利用奶牛的粪便作为肥料种植农作物，再利用农作物收割后的秸秆、枝干作饲料喂养奶牛的一种生态循环方式。

(5)合理布局，协调发展。认真执行《乳制品工业产业政策》，严格加工企业的行业准入，防止盲目投资和重复建设，避免恶性竞争和资源浪费，合理配置原料和加工产能。奶源基地建设要结合乳品加工企业的产能、分布以及饲草饲料资源供给情况发展奶牛生产，促进奶源基地与加工企业协调发展。同时加工企业要结合当地情况，发展与当地气候特征相适应的奶牛品种，建设具有地方特色的奶源基地。除发展荷斯坦奶牛外，可发展娟姗牛、西门塔尔牛和牦牛等品种，开发具有地方特色的乳制品。

(6)发展奶农专业生产合作组织，加快推进产业化经营。积极扶持奶农专业合作社、奶牛协会等专业合作组织。大力发展以奶农为基础、养殖基地为依托、乳品加工企业为龙头的奶业产业化经营方式，鼓励乳品加工企业采取订单收购、建立风险基金、返还利润、参股入股等多种形式，与奶农形成稳定的产销关系和紧密的利益联结机制。

(7)实行“走出去”的整合战略。在省内整合较慢的情况下，四川省乳业应充分利用国内乳业产业结构调整的契机，实行“走出去”的整合战略。

(8)进军细分市场。乳业已经进入细分市场的时代，市场战略已从价格竞争转向错位竞争。例如，上海的光明乳业就以“优倍”和“小小光明”系列产品进入了高端液态奶和儿童奶酪市场。以此为鉴，四川省乳品加工企业在增加乳制品产量的同时，应加强自主创新能力的培养，不断开发新产品，开发功能性、有机的高端液态奶产品和奶酪、黄油、婴幼儿配方奶粉等固体乳制品。尤其是开发奶酪、黄油等产品对于四川省乳业尤为重要，因为这类产品生产加工中使用的原料奶比例较高，例如生产1kg奶酪需要大约10kg的原料奶，这不但可以给乳品加工企业带来可观的利润，而且可以拉动原料奶生产环节的发展，缓解原料奶生产相对过剩的压力。

(9)培养复合型乳业人才。人才的培养和储备是产业发展战略实现的基础。四川省应结合科研院所在农业科技、乳品加工、畜牧防疫和环境保护等方面的优势，培养复合型乳业人才，为奶源盈利战略的实现储备人才。同时，进一步开展乳品企业与乳品实验室和科研单位的人才合作培养，使乳品企业一线的生产技术人员及时了解和掌握乳品加工技术的最新进展，从而提高乳品企业的研发能力，为进军细分市场战略的实现奠定基础。

(10)促进乳品的消费。引导群众消费，转变消费观念及消费习惯，形成稳定增长的消费市场。

1.4　乳类产业发展技术瓶颈问题

1.4.1　产品创新模式分析

通过对我国乳品加工业科技现状的分析可以看出，我国乳品加工企业的大部分关键技术及设备都是进口的，国内乳品加工的技术研发水平与国外先进技术水平有较大差距。目前，我国乳品企业的科技创新还面临着一些问题。首先，政府对乳品企业的科技创新补贴很少，这使得一些企业只能靠自己进行研发，或者与科研院所合作研发。一些研究人员在研发时只是换用不同厂商的香精，产出不同口味的产品，这也可称为创新，但这种创新作用有限，内部的研发人员自己也认为乳品加工业没有科技含量，没有创新的必要性。其次，国内乳制品企业同质化严重、品种单一，应扩大产品种类，适合个性化消费。目前国内大型的乳制品企业研发产品，根据产品和所使用的设备不同，有的需要2～3个月，有的需要2～3年，总体上周期长、投入大，且产品的创新容易被其他企业模仿，如老酸奶最初是由蒙牛研发成功，随后其他企业也开始陆续推出类似产品。最后，乳制品企业与高校科研院所的合作较少，合作时间短且没有形成规模，没有发挥出产学研合作的优势。通常情况是一些大企业如果申请到可以建立独立的研发中心时，可以报课题研究，这时会就这一课题与高校或科研院所有所合作，但课题结束，合作关系也就结束了。产学研模式在我国乳品行业还没有成熟的实施起来，还有很大的发展空间和广阔前景。

1.4.2 产品加工技术分析

(1)原料乳检测环节。乳品加工业门槛提高后，很多小企业因无力购买昂贵的检测设备而被淘汰，生存下来的企业规模都比较大，都有准入制度要求的检测设备。国际标准对于原料乳的检测有明确规定，为了达到国际标准的要求，乳品加工企业都严格按照国际标准的要求进行操作。但目前国际标准要求使用的设备有些已经过时或检测时间过长、检测成本过高，导致原料奶的储存时间延长。因此，提高原料乳的检测技术既能缩短检测时间又能保证原料乳的安全。目前对于我国要求的检测项目，乳品加工企业多采用综合快速检测设备进行检测，且大部分设备为进口。丹麦的进口检测设备1次可检测13个项目。但在抗生素和重金属检测方面仍为人工检测。

(2)原料乳加工环节。虽然国内也生产中间加工环节所使用的分项设备，乳品加工业洗牌之前主要销售给中小型乳品加工企业，但大部分乳品加工企业使用自动化程度很高的成套进口设备，加工过程主要在电脑控制的中控室进行，因此整个加工流程技术比较先进，达到了国际先进水平。乳粉生产设备大部分应用的是国产设备，与国外生产技术有较大差距。均质机由于其应用行业较多，在乳制品行业虽被广泛应用，但其稳定性与国外还有一定差距。目前占液体乳比重较大的超高温灭菌乳的生产设备基本上为引进的国外成套生产设备。我国虽然也有无菌生产设备，但是生产效率和性能与国外差距悬殊，且缺乏成套设备的研发。乳制品杀菌技术分为冷杀菌和热杀菌。目前我国运用的乳制品杀菌技术都为热杀菌，包括巴氏杀菌和超高温杀菌。其中非常重要的杀菌技术装备我国也有企业生产，且价格相对较低，但是杀菌效率和稳定性与进口设备有较大差距。此外，由于国外的杀菌设备与其他自动化设备相配套，导致国内设备的竞争力较差。

(3)灌装环节。灌装环节是保证牛奶质量的关键环节之一。大型乳品企业在引进成套进口设备时也引进了进口的灌装机，如德国GEA设备、瑞典利乐等。也有乳品企业使用国产灌装设备，如杭州东亚的软包装灌装设备。国产灌装机在软包装方面比较有竞争优势，但其他方面与国外差距较大。

(4)成品检测。液态奶的无菌灌装要求达到商业无菌，目前微生物检测所需时间较长，延长了产品到达消费者手里的时间。因此应该研发更先进的商业无菌检测方法，缩短检测时间。

(5)新原料开发。近年来，我国发酵乳在乳制品中一直保持较快的增长速度，但是我国发酵乳制品新品种少、产品结构单一。一方面由于原料有限，另一方面与落后的生产技术有关。目前我国在新原料的研发方面与国外还有很大差距，还处在了解乳酸菌菌种和控制发酵工艺的阶段，且我国的乳酸菌菌种大多分离自国外的发酵剂或发酵乳，目前还没有真正意义上的乳酸菌菌种资源库，国内一些菌种保藏中心拥有的乳酸菌种类较少，而且一般都是只做保存，对于专业乳制品发酵剂的研究相对较少。在益生菌发酵产品开发方面，缺乏一些基础性研究及益生菌功能评价体系。欧洲食品工业比较发达，目前主要的研发方向已从原料的研发转向以市场为主导的新产品开发。与国外相比，我国乳制品品种较少，难以满足消费者的个性化需求。研发新品种需要新原料，加强新原料的研发是研发新产品、满足消费者个性化需求的重要基础。

(6)乳粉生产。乳粉生产中，发达国家多采用多效蒸发器进行牛乳的浓缩，而我国仍采用单效和双效的蒸发器，国内目前开发的设备最高能达到四效，而国外的设备能达到六效。乳粉生产设备大部分应用的是国产设备，与国外生产技术还有较大差距。

1.4.3 新产品研发技术分析

(1)新知识。发酵乳将在未来很长一段时间内保持较快的增长速度，但我国在发酵乳尤其是益生菌研究方面的基础研究较少，基本实行"拿来主义"。另外，先进的分子生物学技术在我国益生乳酸菌研究开发上应用非常少。因此，增加针对益生乳酸菌的基础研究将是我国益生乳酸菌产业发展的关键。

(2)新产品。目前我国乳制品品种单一，同质化现象严重，导致企业间竞争激烈，不能满足消费者的多样化需求。随着居民生活水平和健康意识的提高，对乳制品的要求在不断提高，乳制品的消费结构也将发生变化，因此应加强高端乳制品品种的研发和生产，如酸乳、干酪、乳清等。市场上不仅要有基本的乳产品，还应有高品质、高营养、功能多样化的高附加值产品。

(3)新技术。加强原料乳和成品检测技术的研发，保障原料安全和成品的及时消费。尤其是对含量甚微但影响大的物质的检测，如重金属和有机磷的快速检测。冷杀菌技术由于杀菌过程中食品温度并不升高或升高幅度很小，既有利于保持食品功能成分的生理活性，又有利于保持其色、香、味及其营养成分，成为近年来研究较多的一种杀菌技术。目前我国的冷杀菌技术仍处于实验室研究阶段，应加快研究成果的应用。

(4)新设备。原料乳检测是保证原料安全的关键，目前我国的原料乳检测设备大部分为进口设备，价格高昂。因此应加强快速全面检测设备的研发。近年来，我国乳制品加工技术装备明显提高，特别是一些大型龙头企业，如蒙牛、伊利的技术装备水平达到了国际先进水平。但我国乳制品加工的关键设备与进口设备还有很大差距，尤其是在设备自动化方面，国内缺乏成套自动化加工设备的研发。因此，我国应加强成套自动化乳品加工设备的研发。目前乳品加工的灌装设备有些是成套自动化设备的一部分，有些是国产的软包装设备。在灌装设备方面应加强砖型、枕型无菌包装设备的研发。乳粉加工中使用的浓缩设备应重点开发多效蒸发器，并重点加强膜分离浓缩技术的研究。

(5)新原料。发酵乳将在未来很长一段时间内保持较快的增长速度，特别是具有一定生理功能的益生菌发酵乳乳制品。国内各研究单位应加强乳酸菌菌种的研发，开发自己的发酵剂或发酵乳，尽快建立乳酸菌菌种资源库。

1.5 乳类产业发展对策及建议

1.5.1 加强科技创新

随着近些年乳品加工业的不断发展，其竞争也越来越激烈。乳品加工企业多在原有的市场进行竞争，打价格战，有些竟以牺牲产品质量为代价，结果导致消费者对其信誉失去信心，严重损坏行业形象，使得企业的产品滞销，阻碍了企业的发展，这种做法是坚决不可取的。我国乳品企业需要走出这个误区，应该转变意识，明确技术在乳业发展中的作用，加强技术推动作用。认识到进行科技创新才是获得高利润、占领市场的有效途径。企业要想发展得更稳定，走得更远，必须要有自己的核心竞争力，必须要在创新上下功夫，要利用科技的力量使乳业由资源加工型向科技开发型转化，增加自主创新的力量，生产出新产品，满足消费者的需求。只有加强科技创新，不断在产品品种上有所创新，满足消费者的需求，在技术上领先其他企业，提高生产的质量和效率，才能在市场上立于不败之地。

同时要完善科研体制，加强研企联合。在每种产品发展的转型期和技术的突破期，乳业发达国家的企业和科研单位优势互补、协调合作，最后实现整个乳品产业的多赢。近年来，我国政府和企业在这方面都做了很多工作，国家也支持了很多专项技术研究，但是企业和科研单位依然缺乏更深层次的合作，在研究成果的转化上，依然需要体制性的政策加强双方合作。

1.5.2 制定优惠政策，促进乳制品企业发展

政府应制定相关优惠政策，鼓励小型乳制品企业向大中型乳制品企业规模发展或与小型乳制品企业合并，压缩过剩的生产力，实现能源资源的最优化利用。只有大规模的企业数量增加，我国的乳制品业才能得到更快的发展，才能在国际市场竞争中占据有力地位。

1.5.3 优化产品结构，提升乳制品档次

乳品企业应通过了解和完善流通渠道，抓住消费者的心理习惯，不断开发出适合不同消费群体的新产品，树立良好的消费环境，在积极开展品种创新的同时保证乳品的质量安全。近年来我国城镇居民酸奶和鲜乳品的消费量呈逐年上升趋势，而奶粉消费量逐年递减，因此在大中城市的乳品企业应重点发展液态奶生产，特别是杀菌奶、双歧因子牛乳、酸奶、超长保质期奶(ESL奶)、果汁乳等产品。当前，全世界奶业科研的制高点之一，就是从牛奶中提炼出能够降血压、降血糖等重要功能性多肽。目前全世界登记在册的功能性多肽有500多种，其中大概有400多种来自牛奶的蛋白质。同时要引导消费需求，实行加工工艺的技术创新和产品创新，开发高附加值的产品，如干酪、奶油等产品，不断满足新的市场需要。同时在保障供给满足的前提下更注重营养、新鲜及多元化。我国居民越来越多地通过饮奶摄入身体所需的蛋白质，相信不久的将来奶酪等干乳制品也会更广泛地被接受，这更迫使企业不断扩大产品种类，逐步提升消费者对乳品的消费力。

1.5.4 采取有力措施，确保乳制品质量安全

加强奶源基地建设工作，促进奶牛饲养户由大群体小规模向小群体大规模、现代化经营模式转变，为乳制品企业提供优质的原奶。在生产过程中，乳制品企业应引进先进的生产加工设备、检验设备，确保乳制品营养成分、防腐剂、抗生素等比例正常。技术监督局等相关部门要不定期对乳制品企业进行抽查，保证整体合格率符合国家标准。

1.5.5 提高居民乳品消费水平

我国居民的乳品消费水平远落后于世界平均水平，我国城乡居民对乳品消费的需求已初步形成，并具备了一定的基础，但其增长速度仍落后于国内生产总值的增长速度。因此必须有步骤、有计划地改善乳品消费水平的制约因素，逐步满足城乡居民的乳品消费需求，使乳品消费得到较

快的发展。提高城乡居民的乳品消费水平必须符合当前乳品市场的实际情况，尤其是如今农村市场体制的不完善严重制约了农村乳品消费水平的快速提高。因此总体上应该从城乡乳品市场的实际情况及居民的消费特征出发，不断提高居民的乳品消费水平。

1.5.6　完善销售网络体系

乳品作为一种日用食品，消费者越来越注重购买的便利性。企业应采取密集的分销策略，尽可能为消费者提供方便。同时缩短销售渠道，充分发挥超市、购物中心、连锁店及特许经营店等现代营销方式，发挥其在开拓市场、扩大销售中的作用，建立起灵活、畅通、快速、稳固的销售网络。

我国农村乳品消费市场有着巨大的发掘潜力，因此企业应有针对性地整合资源，优化配送渠道使成本降低，保障农村乳品消费能有巨大涨幅。此外，企业应根据不同群体的消费需求，确保和开拓乳制品消费基地。如“学生奶”消费基地开展之后，消费量大且相当稳固。目前潜在消费量较大的群体有部队、快餐店之类的饮食业和铁路航空系统，医院、托儿所、幼儿园、老年公寓也是需要进一步开拓的消费基地。

1.5.7　增强行业监管力度

我国于1994年成立了中国乳制品工业协会(China Dairy Industry Association，CDIA)，但与发达国家相比中国行业监管部门明显较少，甚至存在严重的职能交叉现象，所以应增设更多更细化的行业监管部门，做到真正全方位监督乳品行业的发展，以保证我国乳品业的稳定健康发展，规范市场竞争秩序，为消费者提供更加良好有序的消费环境，提高居民乳品消费水平。

鉴于乳制品行业存在的鱼龙混杂现象，乳品工业协会可以根据QS标识管理这一宏观调控手段，设置更高的市场准入门槛，为行业制定更好的发展政策，以缓解当前我国乳品企业数量众多、规模悬殊较大的局面。设置更高的门槛能缩小企业规模、管理及技术上的差距，从而更好地净化乳品市场，为乳品质量把关，对消费者的利益维护也起到良好的作用。市场准入管理应随着消费者对乳品质量安全的要求、乳业技术装备水平及发展趋势，相应调整相关细则，严要求、高标准约束企业行为。

1.5.8　转变企业营销观念

纵观我国近年的乳品市场，“价格战”是大多企业用来刺激消费者购买欲望的营销手段，但长远看这样的战略对企业而言缺乏利润，导致企业忽略奶源和产品质量，消费者最终成为受害者，因此乳品企业应采取更高级的竞争形式——价值战。在消费者持谨慎观望态度的当前，乳品企业应转广告营销为体验营销，努力向消费者传递更多能打动消费者的信息。这个过程中企业应注重与消费者进行交流和沟通，通过体验营销让消费者对产品了解更深；同时企业也直接获取消费者的切身感受，最后根据消费者体验的信息反馈，生产出更加适合市场发展的产品，不断开拓我国乳品消费市场。

第 2 章　国内外乳类产业发展及现状研究

【本章摘要】本章在查阅大量国内外文献的基础上，通过电话交流和个别企业技术人员面对面交流，对国内外乳类产业发展及现状进行剖析。针对乳业较发达国家的产业模式，对国内乳业的发展历史、发展现状、发展前景、发展过程中存在的问题及解决对策等进行系统全面的总结。

2.1　国际乳类产业发展现状

随着全球畜牧业的迅速发展，乳制品产业已成为畜牧业发展的重要组成部分，乳业的发展水平是现代农业，特别是畜牧业发展水平的重要标志。在世界乳制品市场上，乳品的主要供应地为欧盟、澳大利亚和新西兰。这些国家的乳制品(干酪、黄油、乳粉等)出口量占世界乳制品出口总量的一半以上。

(1)欧盟。欧盟是世界第一大乳制品产业生产地，为了支持乳业的发展，欧盟制定了一系列支持乳制品产业发展的措施。①建立牛乳生产配额体系避免产量过剩。欧盟为了避免乳业生产总量过剩，保持区内价格的稳定，减轻沉重的财政补贴负担，在 1984 年建立了牛乳生产配额制度，规定牛乳生产总产量的上限，各成员国农场主根据所分配的配额进行生产。②实施干预购买和私人储备援助计划稳定内部市场。为了稳定乳制品的内部市场价格，欧盟确定了乳制品区内市场参考价格。③通过对奶农直接支付支持乳业生产。以牛乳生产配额为计算单位，直接向每个生产者支付。这样可以保证奶农的最基本利益，不会造成乳业在市场需求低温期出现亏损以及上游奶源的减少。欧盟的乳业合作社也是值得其他国家学习的地方。虽然欧盟对乳业有巨大的补贴和支持，但欧盟意识到只有通过产、加、销一体的乳业合作社形式，才能让小规模农户享受到较大资本所带来的利益。因此，欧盟推动乳业合作社的健康发展，从根本上解决了小规模奶农的生存与发展问题。

(2)新西兰。多年来，新西兰政府通过政策指导，提供信息和服务，鼓励和推动新西兰农场主以低于世界市场平均价格的运作成本持续发展，已形成了比较有效的管理运作机制。新西兰的牧场绝大多数是家庭式经营，并以此建立起有牧场主、草地所有者、乳制品加工商、销售组织者等共同参与经营、管理和分配的合作体系。在这种体制下，各方都明确地承担了在这一体系中的责任、义务与权利。为参与更加激烈的国际竞争，在政府的支持下，几家大的合作公司与新西兰乳品局于 2001 年合并成立了新西兰最大的乳业集团公司——恒天然。恒天然拥有全新西兰乳品产业 94%的生产能力，形成了资产达 120 亿新元的世界第五大乳业集团。它的出口占全国出口收入的 20%，占 GDP 的 7%。此外，新西兰的乳品合作社经营模式也可以给其他国家乳业的发展提供参考，新西兰的乳业高度纵向一体化，最低一级是农场主，中间一级是奶农合作社，最上一级是乳业委员会。农场主拥有合作社的股份，合作社又拥有乳业委员会的股份。农场主把生产出的牛乳卖给合作社，合作社又把乳卖给乳业委员会，乳业委员会通过它的全球营销网络把这些乳制品销售到海外。加工公司一旦从乳业委员会得到销售收入，就按照奶农向公司提供的牛乳固形物的多少把钱支付给奶农。这种付款制度鼓励了奶农增加牛乳产量。总的说来，新西兰的运作模式是“规模化和专业化”。

(3)澳大利亚。澳大利亚是世界第三大单一乳制品出口国。澳大利亚乳业管理呈多种形式，即“乳业管理多样化”，体现在牛乳生产、加工和销售环节中。澳乳业委员会(Australian Dairy Industry Council，ADIC)是制定乳业政策的最高机构，澳大利亚乳制品农场主联盟(Australian Dairy Farmers Federation，ADFF)、乳制品生产商联合会(Dairy of Australian Prodecers Federation，DAPF)和牛乳销售商联合会(Milk Market Farmers Association，MMFA)协调牛乳生产、加工、销售环节，负责制定统一的政策和措施。ADIC另一项重要作用是指导澳乳业研究和发展协会的工作。而ADFF代表着奶农利益，在6个州有各自的奶农分会，同时ADFF负责奶牛种群改良方案，主要是优化全国的奶牛品种；DAPF代表乳制品生产商的利益，MMFA代表液态乳加工商的利益，其中ADPF、MMFA的会员互有交叉。澳大利亚这种对乳业实施多元化管理，分开各职能部门的重点，将有利于乳业各环节之间的发展。澳大利亚牛乳生产、加工、销售三个环节的相关部门都有自身的利益代表，这在一定程度上有利于各方的利益最大化，在一定层面上也有利于乳业更好的发展和做大做强。

近几年，世界乳制品消费需求在不断扩大，主要是亚洲的日本、中国和印度，北美洲的墨西哥，南美洲的巴西和阿根廷以及东欧的俄罗斯等。这些国家对乳品尤其是干乳制品的消费总体上呈持续增长的态势。其中，中国、印度、巴西和阿根廷对乳品的需求增长最为强劲。

世界乳品市场表现出如下特征：主要生产国或地区的乳品产量及出口减少，导致供给缩减；主要消费国的乳品消费量和进口量增加，导致需求扩大。供给缩减与需求扩大导致世界乳品的市场价格持续上涨。目前，世界乳品市场供给偏紧是自然因素和政策因素共同作用的结果。到目前为止，这些因素对世界乳品市场的影响仍然存在。首先是位于大洋洲的新西兰和澳大利亚仍面临着干旱的威胁。干旱导致奶牛饲养成本上升，奶农不得不减少奶牛饲养头数，提早进入干乳期，从而导致牛乳产量的进一步下降。澳大利亚2013年的乳业现状与展望报告中所提供的资料表明，新西兰牛乳总产量比预计减少了5%，其产量的下降将加剧世界乳品市场供给偏紧的状况，从而使已经出现下降趋势的乳品价格再度上涨。澳大利亚的情况要略好于新西兰，其牛乳产量预计会有增长。其次是欧盟自2004年以来对其共同农业政策进行改革，分阶段逐步削减对奶牛饲养者的农业补贴和对乳品的价格支持，使欧盟大多数成员国的牛乳产量均出现下降，而且这种下降趋势在短期内不会有较大改变。由于上述国家原料乳产量的下降或增长缓慢，将导致乳品出口量的持续下降。因此，世界市场上乳品的供给依然偏紧。

2.2　国内乳类产业发展现状

2.2.1　我国乳制品发展历程

乳及乳制品的食用在我国有着非常悠久的历史，根据史料记载，一千多年前的《齐民要术》里就记载有乳酪、干酪、马酪等的制作方法，以游牧业为主要生产来源的少数民族，对乳和乳制品的制作及食用的历史就更为悠久。但我国的乳制品行业在漫长的封建社会中几乎没有得到发展。新中国成立前期，国内虽然已经出现了新法生产乳粉、炼乳等一些小型乳品加工厂，但是由于受到发达国家的生产商以低于其国内市场价格或低于成本价格将其乳产品抛售到我国的影响，国内极少数的乳品加工企业也处于奄奄一息的状态。因此，我国乳品加工业的真正兴起是在新中国成立以后。

1978 年改革开放以来，随着我国居民收入水平和生活水平的逐步提高，政府、行业协会等相关部门不断地大力宣传营养膳食知识和乳品饮用知识，居民亦越来越注重生活质量和膳食结构，于是乳品需求呈现出快速增长的趋势。我国乳业经过 60 多年的发展，产量稳步上升。1949 年，乳类总产量只有 21.7 万 t，1959 年增长至 29.9 万 t，之后 10 年，乳类产量经历了波动性增长。总体来看，1978 年以前在“以粮为纲”的政策背景下，乳类生产一直作为副业，增长缓慢，到 1978 年乳类总产量达到 97.1 万 t。改革开放后，我国乳类生产迅猛发展，20 世纪 80 年代中期以后，居民食品消费开始向质量型转变，同时乳类生产、乳品加工和消费放开，促进了我国乳业的迅速发展。2000～2007 年，我国乳品消费总量和人均消费量不断增加，乳品消费总量从 620.9 万 t 增加到 2184.5 万 t，年均增长率为 19.69%，而人均乳品消费量年均增长率为 19.25%，增长速度均比较快。由于 2008 年“三聚氰胺事件”带来的巨大波动，使得当年乳品消费总量和人均消费量都比上一年下降了 7.7%。不过从总体发展状况来看，我国乳品消费在近 10 年得到快速发展，说明我国居民正在逐步改变自己的消费习惯和观念，居民的乳品消费水平不断提高。

我国规模化的乳制品行业起步较晚，且起点较低，但发展较为迅速，尤其是自改革开放以来，我国乳制品产业的发展经历了三个非常重要的阶段。第一阶段是 1978～1992 年，此阶段是我国乳制品产业的快速成长阶段，乳类产量以年均 13.6%的增长率增长，到 1992 年全国乳类产量达到 563.9 万 t。第二阶段是 1993～1999 年，此阶段是我国乳制品产业的结构调整阶段。从 1993 年开始，我国乳制品供给的增长速度过快，出现了生产过剩的状况，各类乳制品甚至出现了积压滞销的现象，使得一部分乳制品企业陷入了经营的困境。1997 年后，以伊利、蒙牛集团为首的一批较为领先的大型乳制品企业率先引进国外的先进技术，对产品进行改革和创新，将产品发展的重心转移到了液态常温乳上。第三阶段是 2000 年至今，此阶段是我国乳制品产业的高速发展阶段。随着我国经济水平的飞速发展，消费者的消费能力不断加强，消费者对乳品的需求量不断增加，乳制品产业的整体经济效益也逐渐好转，乳制品产量和总产值在近 10 年增长了 10 倍以上。

虽然我国乳制品产业在 21 世纪之后发展迅速，但在高速发展的同时也存在着很多问题。“三鹿乳粉”事件正是我国乳制品产业发展过程中问题不断累积后的一个集中爆发。该事件的爆发使得我国的乳制品产业遭到了严重打击，消费者对乳制品产业的信任缺失，乳制品的销量急剧减少，致使产品存货堆积剧增，影响了很多企业的效益和奶农的积极性，一些地区甚至还出现了倒奶、卖牛和杀牛的现象。同时受美国次贷危机的影响，我国农产品市场价格整体下跌，席卷全球的经济危机以及外国乳制品对我国乳品市场的低价冲击，进口乳粉的价格相比我国同类产品的成本价还低 7000 元/t，令我国乳制品产业雪上加霜，加之我国乳制品标识制度不完善，也影响了国产乳制品的市场竞争力。直到目前，我国的乳制品产业已然从困境中走了出来，产业经济效益不断好转，乳制品企业的利润也有了明显的提升，2014 年全国乳制品企业利润达到 160 亿元，乳制品产业正沿着健康、良性的方式发展。

2.2.2　我国乳制品发展现状

我国乳业从 20 世纪 90 年代末期发展到现在，完成了发达国家几十年，乃至上百年的从传统乳业到现代乳业的发展进程。我国乳业经过这十多年的超常规、高速度发展，作为一个独立的产业已基本形成。截至 2014 年，奶牛存栏量达 1400 多万头，原料乳产量达 3800 多万吨，已跃居世界第三大乳业国；经过整顿并重新登记注册后，乳品企业数量从 1500 多家减少到 600 多家，乳品企业销售收入达 2400 多亿元，利润总额达 160 亿元；乳制品生产总量达 2698 万 t，乳品进口达 183 万 t，国民人均牛乳占有量达 27.8kg；从事奶牛养殖的农户达 200 多万户。我国已经成为名副其实的乳业生产和消费大国。

虽然，我国乳业产业已经基本形成，但还不成熟，仍处在初级发展阶段，与乳业发达国家相比，还有很大的差距，主要表现在：①奶牛良种化程度低，单产水平不高，是乳业发达国家的一半左右；②奶牛养殖规模化、标准化、集约化程度低，饲养管理还比较粗放；③乳品企业布局、规模、产能不够合理，产品结构单一，产业集中度不高，盈利能力低；④乳业产业链发展不平衡，大规模、现代化的乳品加工与分散的、粗放的奶牛养殖不相匹配；⑤过剩的生产能力与紧缺的原料乳供应，造成行业发展瓶颈；⑥行业平等竞争、有序发展、良性循环的市场环境尚未形成，质量安全事件屡屡发生，产业链利益分配不合理，生产全过程监督管理跟不上；⑦饮奶公益宣传不够，国民饮奶意识不强等。但是，经历风雨洗礼的中国乳业，现在已经释放出勃勃生机，按照国民人均牛乳占有量达到亚洲平均水平计算，我国乳制品行业市场扩容量到 8000 亿～10000 亿元，至少还有 10 年的黄金发展期，其发展潜力和市场空间仍然巨大。

我国虽是第三大产奶国，但我国的奶牛养殖规模程度偏低。一些大型牧场的牛乳年单产水平虽已突破 8t，但饲养成本偏高，实际利润偏低。我国的奶牛养殖成本优势已不存在，收奶价格也大大高出全球平均价格。以 2012 年为例，当年的平均乳价在 3.40～3.50 元/kg，这个价位在全球排列中位居第四，仅排在日本(7.20 元)、韩国(5.70 元)、挪威(4.90 元)之后。

由于市场竞争激烈和原料价格上涨造成产品成本上升，目前全国 700 多家乳品加工企业中亏损的企业接近 40%。奶源生产供给存有缺口，同时原奶收购价已失成本优势，国内使用还原乳粉的企业更是越来越依赖进口乳粉，导致每年“洋乳粉”进口剧增。近几年，我国每年从国外进口奶制品 180 多万吨。同时，中资乳品企业海外收购牧场、加工厂的动作也越来越频繁，希望借此来应对“洋乳粉”“洋牛乳”的夺食和原料成本的上涨。如早前就有光明乳业收购了新西兰乳企 Synlait Milk；2013 年 11 月上海鹏欣集团正式完成了对新西兰 16 座克拉发农场的收购；2014 年年底伊利宣布拟在新西兰新建年产 4.7 万 t 婴儿配方乳粉项目；2016 年，广东乳企雅士利也敲定要在新西兰自建乳粉厂。

此外，我国城乡之间、地区之间的乳品消费也极不平衡。目前，城市乳制品销量占全国乳制品总销量的 90%，广大农村乳品市场潜力巨大，有待挖掘。

2.2.3 我国乳制品发展前景

2012 年，在国内外资本的推动下乳制品产业逐渐全面复苏，我国乳业企业之间的竞争再次呈现愈演愈烈的势态。由于我国政府对乳制品产业的监管能力相对滞后，行业内少数从业人员道德缺失，部分乳制品企业通过各种不正当手段挤压竞争对手，造成了恶性竞争的局面。并且由于产能严重过剩，进一步造成乳业行业无序发展和乳业企业恶性竞争的局面。一些地区出现奶源争夺战，乳业企业变相放宽生鲜乳的收购标准，导致原奶价格异常波动和奶制品安全缺乏保障。此外，乳业产业链终端的乳制品同质化倾向严重，企业之间产品趋同，只有靠大打价格战争取市场，使我国乳业的发展进入恶性循环状态。随着我国乳品行业进入门槛的提高和政府对现有乳品企业的整顿，我国乳品行业正在发生剧烈变化，业内竞争激烈，品牌从分散到集中，行业正处于垄断竞争阶段，此时对强势品牌是一次机会，对普通品牌则可能是威胁。乳品企业群雄割据的时代已经来临，乳业市场将会发生深刻变化，乳品行业集中度将进一步提高。

1. 市场格局

根据伊利、蒙牛、光明、三元四家乳企2014年年终报告显示，伊利公司实现净利润22.93亿元，同比增长31.93%；蒙牛乳业净利润10.5亿元，同比上升39.9%；光明乳业实现净利润2.09亿元，同比增长41.48%；三元股份实现净利润1.79亿元，而上年同期为亏损3804万元。可以看出乳品加工企业的盈利与乳业行情的好坏无关，垄断初步显现。

(1)液态乳。伊利、蒙牛、光明在液态乳领域的市场占有率高达60%以上，它们的综合市场占有率也接近40%。根据国家统计局数据，2014年上半年国内液态乳产量同比下降1.42%，液态乳进口量增长34.6%。

(2)乳粉。乳粉市场掀起一波接一波的涨价潮，而婴幼儿配方乳粉则不断在涨价浪潮中冲在最前面。据统计，当今"洋乳粉"已经牢牢掌握了我国乳粉市场，其市场占有率约60%，在高端乳粉市场的份额甚至超过90%。美赞臣、多美滋、惠氏、雅培四巨头已经占据了我国乳粉市场的半壁江山，而轮流坐庄的美赞臣、多美滋的市场占有率均在15%左右，不过内资企业增长很快。2014年，我国乳粉进口量达到68万t，增长75.08%，进口额为34.33亿元，同比增长155.73%，创进口数量和进口额新高。

(3)酸乳。光明是最早进入酸乳领域的企业，也是最早进行酸乳菌种自主研发的中国企业，2014年光明乳业204亿元的总营收中仅莫斯利安常温酸乳就贡献了近三成，是光明所有产品中增速最快的。在乳制品行业，常温酸乳是近年来新成长起来的品类，其销量增长速度迅猛。尼尔森提供给中国商报的数据显示，2014年常温酸乳的销售额增幅为120%，而冷藏酸乳只有14%。

2. 发展转型

伴随着频频发生的乳品质量安全事件，我国政府部门和消费者对乳制品质量安全的要求不断提高，乳制品的安全问题成为决定乳品企业发展的关键，也成为我国乳品企业健康、高水平发展的关键。我国乳业发展正在从注重数量型向注重质量型转变，一些大型企业已经开始重视奶源基地建设，细化乳品市场，开发高端产品，增强养殖与加工等环节的食品安全管理能力，提高乳品质量安全水平，以达到适应市场和消费者的需求。

2.3 国内原料乳生产分析

随着我国经济的发展以及国民教育程度的普遍提高，乳品消费逐年稳步提升。2000～2015年，我国乳制品消费总量和人均消费水平都有很大幅度的提升，2015年乳制品消费总量为1999年的2.7倍，达到2501.4万t，年均增长率为6.83%，人均乳制品消费水平为2000年的2.43倍，达到17.83kg，年均增长率6.1%；2015年城镇居民乳制品消费水平达到41.03kg，农村居民乳制品消费水平达到2.43kg。2015年国家实施学生饮用奶计划，每年至少可以增加乳制品消费需求153.9万t。在农村惠民利民政策不断加强后，农村居民作为乳制品消费的又一主要群体将大大带动国内乳品消费。从此趋势来看，国内原料乳生产必将迎来新的机遇和挑战。

乳业产业链长，一体化程度要求高，乳业产业链涉及原奶生产、收集运输、加工包装等环节。原料乳生产是整个乳业产业链的上游环节，如果原料乳出问题，将会导致整个加工环节和产品质量安全受到严重影响，从而影响整个乳业产业安全。所以原料乳生产是乳业产业链的关键环节，也是乳业产业安全的重要安全点。

2.3.1 我国原料乳生产现状分析

2006 年，我国奶牛存栏 1330 万头，比 2005 年增长了 3%；乳类总产量为 3290 万 t，比 2005 年增长了 15%，已超过俄罗斯、巴基斯坦，仅次于印度和美国，位居世界第三。农业部乳业管理办公室指出，自 2008 年以来，全国牛乳总产量(3644 万 t)稳步提升，比 2006 年增长了 10.8%。2012 年全国奶牛存栏 1440 万头，其中优质高产奶牛数量增加幅度较大，国外进口高产奶牛在 8 万～10 万头，全国牛乳总产量为 3744 万 t，较 2008 年增加了 100 万 t。

原料乳作为乳品生产的“第一车间”，对整个乳业产业链有着至关重要的作用。由于特殊的历史时期、文化背景以及地理区域环境，我国奶牛、奶羊以散养和小规模养殖为主，并且这一饲养方式将长期存在。我国现阶段大概有 60%的奶牛、奶羊处于田间地头饲养状态，30%的奶牛、奶羊由农户集中饲养，现代化牧场饲养的奶牛、奶羊只占 10%。据相关数据表明，我国 80%左右的原料乳源自北方地区，又主要集中在华北、西北和东北，南方地区奶牛饲养量有所增加，总体趋势呈下降态势。我国奶牛养殖的不平衡性，与地理环境、资源气候条件和奶牛的生长特性有重要关系，北方大多属于温带大陆性气候，草场资源丰富、粮食供应充足，具有非常好的奶牛养殖生产条件和资源优势，对奶牛发展具有重要的推动作用。有资料表明，北方原料乳生产和奶牛存栏量排名前十的省份分别占到全国的 83.32%和 82.36%。南方大部分地区高温、潮湿、多雨，适合奶牛养殖的饲料种植地较少，且由于奶牛的生活习性的关系，南方基本以饲养水牛为主，牛乳产量相对少很多。

2.3.2 我国原料乳生产所面临的问题

我国在原料乳方面的质量同乳业发达国家的原料乳相比，仍有一定的差距。国内原料乳生产所面临的问题主要有以下几方面。

1. 原料乳区域供需不平衡，原料乳紧缺、单产水平低

随着乳品消费市场的增大，乳品企业对原料乳的需求呈扩大趋势，再者我国原奶产量的增长速度小于市场需求的增长速度，导致近几年原料乳出现供不应求的局面。从奶牛存栏量到牛奶产量，地域差别明显，体现出区域间的供需不平衡，加之乳品加工企业集中布局，原料乳紧缺的状况突出，不少日加工量 600t 的加工厂，一般只能收购 400t 生鲜乳，日加工量 1000t 的工厂，收购量仅为 500～600t，缺口达到 30%以上。企业为了争夺奶源而降低收购标准，提高奶价的情况，因而出现了 2012～2014 年上半年奶价居高不下的情况，最高奶价甚至达到 4.8 元/kg。

我国奶牛平均单产在 5000kg/年以下，远低于奶牛世界单产水平 6000kg/年，而乳业发达国家奶牛年均单产在 8000kg 以上，美国甚至已突破 10000kg/年。我国原料乳产量受奶牛存栏量的影响较大，“三鹿事件”后，又伴随着乳业产业链整合，国内散户、小户逐渐退出养殖，小规模养殖近些年随着收益下滑也陆续退出市场，而大规模养殖增长速度慢于散户和小规模养殖退出的速度，造成 2013 年出现“奶荒”，进入 2014 年奶价持续走高。

2. 生鲜乳收购质量标准不高，乳品质量安全问题多

近年来，我国乳品质量安全事件频发，折射出控制原料乳质量安全的重要性。原料乳质量安全是乳业产业安全的核心，包括卫生安全、营养安全和经济安全。卫生安全指原料乳中含有的重金属、兽药残留、细菌等不得超过国家关于原料乳收购规定的卫生标准；营养安全指原料乳中应当富含蛋白质、脂肪、碳水化合物、维生素等营养素，其营养成分含量应当达到相应的国家标准；经济安全指从事原料乳的生产者能从奶牛养殖中获得稳定增长的收益，从而保证奶农的收入安全。

我国制定的《GB/T 6914—1986 生鲜牛乳收购标准》规定，生鲜牛乳中的乳蛋白含量不低于2.95%，而发达国家要求生鲜牛乳中的乳蛋白含量在3.1%以上。2008 年“三鹿事件”之后，新国标把生鲜乳收购标准中乳蛋白水平定在2.8%以上，较GB/T 6914—1986 降低了0.15%，较发达国家标准低了0.3%。然而国内奶牛饲养品种繁杂，原料乳供给主要来自于散户，其饲养技术、管理水平不高，原料乳中兽药、抗生素残留现象依然是导致原料乳质量低下、乳蛋白含量不达标的重要原因，以致乳品安全事件时有发生。

3. 原料乳质量受人为因素影响大，掺假问题严重

原料乳常见的质量问题包括生理异常乳、微生物污染乳、低成分乳、抗生素残留乳、掺假乳、风味异常乳等。原料乳本身含有咸味、酸败味、苦味、异臭味、氧化味等异常味道，如果在原料乳加工阶段不能将其去除或者覆盖，异常味道进入到产品中，将会严重影响产品品质。微生物污染乳不仅有酸败和脂肪分解的异常味道，并且原料乳中的细菌总数越大，其抗热能力越强，导致出现杀菌不彻底现象，成品细菌残留量超标，从而导致产品易变质、保质期缩短。抗生素残留乳以及消毒剂残留乳不仅对酸乳发酵影响极大，导致产品风味、品质下降，更会严重影响人体健康。

随着我国乳品市场的迅猛发展，原料乳的供应远远不能满足乳品企业及市场的需求，原料乳供应紧缺，企业为争夺奶源从而导致原料乳收购标准降低，不法分子为谋取私利，置道德良心于不顾，非法添加一些有毒有害物质，由于掺假现象出现的时间较长，掺假手段、掺假方式、掺假物质都随着检测技术的不断更新而不断发展，从而出现了单一掺假、联合掺假、人造原料乳等情况。导致原料乳出现严重的质量问题，以至于乳制品质量安全事件频频发生。

4. 奶源基地建设进展缓慢，规模化养殖比例低

在传统乳业向现代化乳业转型的阶段，奶源基地建设是加快乳业转型升级的重要驱动力，也是现代乳业发展的基础，对推进和实现乳业可持续发展有着重大作用。目前乳业产业链中的加工企业基本完成其在全国的战略性布局，针对原料乳供应不足，大多企业都着手重点发展自有奶源基地建设。数据显示，目前全国主要乳品企业共有自建牧场 300 多家，其中 50%以上是 2008 年以后新建的。国内乳品企业自有奶源基地建设持续升温，主要参与新建奶源基地的企业来自大规模乳品企业、大型乳品企业提供原料的商投企业和外资企业。2013 年我国 100 头奶牛规模养殖比例为 41%，呈现不断上升趋势，数量和质量方面都得到了很大提升。但是散户和小规模养殖仍然是主要的养殖方式并将长期存在。然而受 2014 年全球乳制品降温，原料乳价格频繁波动，进口乳类产品大幅提升，国内消费者对国内产品信心的下降，导致 2014 年以来国内奶源基地建设进

展缓慢。

奶牛养殖的三大问题：疫情、粪污处理和当地利税问题，是造成我国奶源基地建设进展缓慢的主要原因，也导致了地方政府对奶源基地建设的扶持力度不够。持久性环境污染问题、消费者对国内产品的不信任和进口乳制品带着质量优势以及价格优势进军我国乳制品市场，从而出现大量企业把资金投向海外基地建设，延缓了国内奶源基地建设。

2.3.3　提高原料乳质量的措施

就整个乳业产业链而言，只有优质安全的原料乳才能生产出高安全系数和高质量的产品。因此，加强政策实施力度，加强奶牛良种培育、现代牧草生产基地建设；加强监管力度，建立健全法律法规，在检测方面与国际接轨，建立全面的监测管理制度；对违法行为加大打击力度，坚决杜绝掺假、造假等违法行为；建立原料乳价格机制，保证奶农利益，提高其生产积极性；加强对奶源基地的建设力度以及人才培养力度；在现有基础之上加强牧草种植、良种繁育、卫生防疫、奶牛饲养管理、收奶运输到乳品加工的大规模运作协调机制等，从根本上保证原料乳生产的安全性，提高原料乳的质量，促进我国乳业的健康发展。

2.4　乳类产品精深加工现状分析

2.4.1　乳品精深加工的意义

2014年我国出现的“奶农倒奶维权”事件及各奶企降价促销现象，是整个中国乳品产业在转型关键时期所遭遇的重大挑战。出现这种“供大于求”现象的本质是乳制品品种单一、产品质量问题严重、技术管理水平落后等。目前，我国乳品产业处于转型的关键时期，运用科技力量实行现有产品创新、做好产品结构调整、搞好产品精深加工等，对开创新的消费市场和新的经济增长点有重大作用。

乳品精深加工是指通过先进的现代工艺和设备，以牛乳产品为主要原料，研制开发出营养丰富、多功能的各种营养保健食品及日用工艺品。乳品精深加工的目的是使乳资源综合利用以此杜绝资源浪费的现象，促使产业结构调整，改善产业基础薄弱环节，改变产品单一的特性和生产设备老化的局面，实现乳品产业链的可持续发展。乳品除了精深加工在满足市场需求外，还能充分挖掘乳品深加工潜力，增加经济效益，推动乳业的健康可持续发展。

2.4.2　国内乳类产品精深加工现状

1. 国内乳类产品精深加工品种

1)酸乳

酸乳是以生鲜牛(羊)乳或复原乳为主要原料，添加或不添加辅料，利用保加利亚乳杆菌、嗜热链球菌制成的凝乳状产品。按产品的组织状态分为凝固型酸乳和搅拌型酸乳；按产品的口味分为纯酸乳、加糖酸乳、调味酸乳、果料酸乳；按脂肪含量的不同分为全脂、部分脱脂、脱脂等品种。酸乳中含有丰富的营养元素，如蛋白质、乳酸、矿物质盐、氨基酸、维生素等。酸乳中还含有少量游离脂肪酸，其脂肪构造在乳酸菌酯酶的作用下发生改变，易于人体消化吸收。发酵剂在发酵过程中，能够合成某些抗生素，提高人体的抗病能力，缓解乳糖不耐症、调节肠道菌群平衡。

数据显示，发达国家的酸乳市场占整个乳制品行业的40%，目前我国酸乳的市场占有量只有25%，发展潜力巨大。

2)乳粉

乳粉是以新鲜牛乳为原料或主要原料，添加一定数量的植物或动物蛋白质、脂肪、维生素、矿物质等配料，除去其中几乎全部水分而制成的粉末状乳制品，适合长时间保存。根据乳粉加工原料及加工工艺的不同，将乳粉分为全脂乳粉、脱脂乳粉、速溶乳粉、配制乳粉等。乳粉作为一种营养均衡的食品，在母乳不足的情况下，成了婴幼儿必不可少的一种食品和营养品。

我国是世界第一大乳粉消费国，“三聚氰胺”事件的发生使得国产乳粉的消费大幅下滑，但婴幼儿乳粉却保持增长，且进口乳粉在乳粉市场所占比重迅速攀升，国产乳粉企业面临更多、更激烈的竞争。

3)炼乳

炼乳是以生鲜牛(羊)乳或复原乳为主要原料，添加或不添加辅料，经杀菌、浓缩，制成的黏稠态产品。按照添加或不添加辅料分为全脂淡炼乳、全脂加糖炼乳、调味/调制炼乳、配方炼乳。随着我国食品工业的不断发展，炼乳作为一种优良的乳品工业原料，已广泛应用到糖果、糕点、餐饮和乳饮料行业中，对终端产品质量的改良、风味的提升和口感的改善起着至关重要的作用。

4)干酪

干酪是以生鲜牛(羊)乳或脱脂乳、稀奶油为原料，经杀菌、添加发酵剂和凝乳酶，使蛋白质凝固，排出乳清，制成的固态产品。干酪的营养价值高，其中的蛋白质经过发酵后，再经过凝乳及微生物中蛋白酶的分解作用，形成胨、肽、氨基酸等，同时还含有钙、磷等矿物质元素和大量的氨基酸以及维生素等，易被人体消化吸收。干酪是一种营养素密度较高的乳制品，蛋白质消化率为96%～98%，经常食用可以调整膳食结构，提高蛋白质尤其是优质动物性蛋白质的摄入量。

干酪制品是国际乳品工业增长最快的乳制品，然而我国干酪产量较低。国内干酪生产面临品种单一、产量小、口味差、人均消费量不足等问题。

5)乳清粉

乳清粉是以生产干酪、干酪素的副产品——乳清为原料，经杀菌、脱盐或不脱盐、浓缩、干燥制成的粉状产品。乳清产品主要来自进口，国内生产乳清粉的企业较少，我国是世界乳清产品的最大进口国，进口量超过 8 万 t，其中 60%用于仔猪饲料生产，40%用于婴儿乳粉生产。美国是我国最大的乳清供应国，约占我国乳清市场 30%的份额。

6)干酪素

干酪素是以脱脂牛(羊)乳为原料，用酶或盐酸、乳酸使牛乳中含酪蛋白凝固，然后将凝块过滤、洗涤、脱水、干燥而制成的产品。由于干酪素在近代工业和国防工业中得到广泛应用，出现严重的供不应求的局面。据报道，目前国际市场年需干酪素在 35 万 t 以上，年消费增长率达到20%以上。占到全国干酪素产量 60%以上的甘肃，年产量在 3 万 t 左右。目前，干酪素产品面临的问题有色泽质量差、转化率低等，这也是导致我国干酪素与国外干酪素品质差距的主要原因。

2. 乳类产品发展趋势

我国乳类产品精深加工起步晚，经过较长时间的发展，在一定程度上取得了很大进步。目前，高附加值的功能性乳制品成为乳品企业利润增长点之一，其竞争将转向高端化、功能化等细分市场，产品的科技含量也将进一步提升。

1)功能性乳制品

功能性乳制品在传统乳制品趋于饱和的状态下和市场调节机制的作用下逐渐显现产品的新颖性、方便性以及营养性的特征。功能性乳制品具有的特征优势，在乳品企业竞争中占有一定地位。

功能性乳制品除具有一般乳制品固有的化学成分和营养作用外，还有某些特殊的营养物质和功能性成分，是兼具一种或多种特定生理保健功能的乳制品。分为天然型功能乳制品和添加型功能乳制品。

目前最新功能型乳制品主要有维生素/矿物质乳制品、膳食纤维乳制品、天然植物型乳制品、添加蛋白质和氨基酸类乳制品等。在乳制品中添加含钙、铁、锌等矿物元素的配料或维生素(V_A、V_D等)制剂，可制成富含相应成分的乳制品，如高钙乳品、富铁乳品、“多维”乳品等，对人体缺钙、锌等矿物质、缺维生素的情况有明显改善作用。随着我国国民经济水平的提高，我国肉类、蛋类消费总量占据全球榜首位置，然而随着肉类、蛋类消费总量的上升，肥胖、心脑血管疾病、高血压的发病率越来越高，从而膳食纤维乳制品越来越受到大众青睐。在乳制品中加入膳食纤维，能够帮助人体更好地消化吸收蛋白质、维生素等营养元素，同时有利于减少肥胖病的发生。目前国内市场上主要的乳类膳食纤维产品有：聚葡萄糖、菊粉、抗消化糊精、功能性低聚糖等，其中聚葡萄糖、菊粉以及功能性低聚糖类乳制品最为常见。

2)新型防病免疫乳

免疫乳是生物学领域利用遗传因子方法，给奶牛有选择地接种一些能够引起人或动物某些疾病的细菌、病毒或其他外来的抗原，使其产生免疫应答。免疫乳不但保留原有的营养成分，还含有具备多种生物活性的物质和生物学功能的免疫调节物，这些物质具有对抗相应抗原的免疫力。研究表明，免疫乳是一种天然、廉价、安全且有一定食疗作用的新型功能性食品，它含有丰富的抗体，效价稳定，对于人体的保健和一些疾病的治疗具有其他保健食品或药品无法替代的作用。

3)酪肽

酪肽全称酪蛋白酶解多肽。酪蛋白是牛乳的主要成分，含有各种人体必需的氨基酸，是一种优质的动物蛋白，酪肽是乳中酪蛋白各结构链上大量分布的生物活性肽。儿童及老年人对牛乳酪蛋白的分解消化能力较弱，难以实现酪蛋白的生物价值。经特定酶，采用特定条件制得的以免疫调节肽为主的兼有钙吸收肽、降血压肽的酪肽产品是理想的保健食品。服用后能促进B淋巴细胞抗体的生成，对肿瘤组织有一定的抑制作用。此外，酪肽分子量较小，无需经过酶的消化，即可直接被肠道吸收。因此，对于免疫力低下、抵抗力衰退者，强劳力、强脑力工作者，胃肠功能紊乱及蛋白质过敏者，酪肽是理想的保健食品。

3. 解决我国乳类产品发展现状的对策

随着人均收入水平的提高，消费者对营养、健康的需求越来越高，保健功能性的需求成不断扩大的趋势，对乳制品精深加工产品的需求也越来越大。然而面对好的市场，没有相应的科技和政策支撑将会成为制约我国乳产品精深加工的一个重要因素。针对目前乳类产品加工的现状，现提出以下对策措施。

(1)借鉴国外先进技术开发新产品。传统的乳品加工工艺和生产技术已难以适应现代乳品工业的发展，不能满足开发新产品新技术的要求。因此，必须采用高新技术，以加快乳品工业的发展步伐。近几年，我国乳品工业发展较快，但与发达国家相比差距甚远。近年来，国外在新技术的应用和开发上异常活跃，其中生物技术，基因工程技术，分离、分析、检测技术在乳品工业中的开发和应用收效明显。借鉴和学习国外先进科学技术应用于我国乳制品的开发是发展乳业的迫切需要。

(2)扩大自身市场占有率。我国乳类产品精深加工市场占有率不足 20%，涉及精深加工的乳品企业少。对于有实力的乳品加工企业在提升其市场占有率的同时要提高自我监管力度，从而提高产品品质和质量，以促进产业链的延伸和发展。

(3)建立乳品质量信息平台。建立乳品质量信息平台的目的在于及时向公众公布检测结果，把乳品质量的信任品属性转化为搜寻品属性，帮助消费者及时更新对乳制品加工企业类型和乳品质量的预期，增进消费者消费信心指数，同时也有助于乳制品加工企业建立良好声誉，从而获得更高的质量溢价，激励其继续生产高质量的乳制品。

(4)提高产品质量。我国养牛规模小，且多为手工挤奶，卫生条件差，原料掺假的现象时有发生，造成乳中的干物质含量较低，微生物含量超标，严重影响产品质量。针对这种情况，我们要选择科学合理的饲养方式和优良的奶牛品种，加强奶源基地建设；建立乳及乳制品在线检测技术，对产品质量进行跟踪；建立乳品的科学质量保障体系及标准，完善和修订各种乳制品的企标、国标，尤其是乳制品国家标准要与国际接轨，从而保证产品质量。

(5)完善乳制品质量监管体系和法规。随着乳品精深加工程度的提升，相关质量监管体系和法律法规更新缓慢，体现出严重的落后性。结合我国实际，完善乳制品质量监管体系和法规，规范乳制品供给链上各行为主体的行为，加大对生产低质量乳制品企业的惩罚力度，以提高生产低质量乳制品的风险损失。

2.5　乳类产品贮运流通现状分析

目前我国乳制品流通模式多种多样，呈现多样性、地区性、区域性等特点，是我国乳类产品流通存在多种模式的主要原因。我国乳制品主要的流通方式有："公司＋基地＋奶农""公司＋合作社""公司＋奶农""公司＋养殖场""公司＋养殖小区＋农户"等。作为乳类产业链的上游阶段，现行主要的乳品流通模式为"公司＋农户"(小规模养殖)，而"公司＋合作社"的流通模式正处于发展阶段。自"三聚氰胺"事件之后，乳类产业链的升级和转型着重在于奶源基地的建设，部分规模企业都拥有自己的奶源基地，如伊利、蒙牛等，所以又以"公司＋自有奶源基地""公司＋牧场(养殖小区)"为辅助的流通模式。

在乳品产业链的下游阶段，主要有"分公司＋经销商"模式，往下依次是分销商(超市、零售店)、消费者。随着互联网的快速发展，网上订购以及送奶到户在乳业发展过程中日益体现出来，其模式为厂家送奶上门以及厂家通过互联网将产品输出至消费者。

2.5.1　乳制品贮运流通特点

乳制品贮运流通与一般的农产品有很大的差别，这是因为乳制品在流通过程中具有保鲜期短，原料乳有区域差异性，上游供给滞后期长、生产分散，规模化、集约化程度不高，流通地域广阔，产品同质化高以及需求弹性大等特点。

1. 保鲜期短

原料乳的生产收购作为整个乳业产业链的“第一车间”，原料乳质量很大程度上影响产品的质量。原料乳的冷却、运输与确保原料乳的质量有着重大关系。生鲜乳的营养价值很高，然而生鲜乳本身含有一定数量的微生物，因此容易变质、不耐贮藏。在乳制品生产上，生鲜乳要尽快灭菌加工。如果不能及时加工，并且温度没有迅速降至4℃，不良微生物就会快速繁殖，最终导致乳制品变质。除了超高温灭菌的乳制品及乳粉外，其他种类的乳制品在流通和销售过程中均需要冷藏，其中巴氏杀菌乳是保质期最短的乳制品。

2. 区域差异性

原料乳的区域差异性主要体现在乳类产业链升级过程中，部分乳业发达地区从原奶产量及质量上都有很大提高，而部分小规模养殖户及散户所提供的原料乳质量没有乳业发达地区高。我国的散户、小规模养殖方式一定程度上影响了乳类产品的质量，由于农户从农场到原料乳收购站的途中，如不加以保护，难免存在乳温过高、与空气接触时间过长等问题，从而导致原料乳中微生物大量繁殖，脂肪酸败等，大大降低了原料乳本身的品质。

3. 生产的分散性与流通的广阔性

生产的分散性主要体现在地域分散性以及区域内分散性。地域分散性则体现在我国主要产乳区有内蒙古地区、西北地区、华北地区以及东北地区的北方四大区域，产量占全国乳产量的80%以上，南方地区包括四川、云南、广西等省区，产乳量少，不足20%。区域内分散性则体现在生产乳制品所需的原料乳大部分来自分散的散户以及小规模养殖农场。乳制品的消费群体主要分布在全国各城镇，乳制品作为城镇居民日常生活所需的消费品，决定了其流通具有地域的广阔性。

4. 同质化高

产品的内在品质主要体现在其营养价值上，不同乳品企业加工生产的相同乳制品种类的内在品质差异较小，产品内在品质差异性则主要体现在不同的种类之间。对于同种类的产品差异往往只存在于外部包装和消费者的品牌偏好上。因此，大部分乳制品的同质性较高，产品替代性较强。

5. 需求弹性大

研究表明，城镇居民乳制品消费的收入弹性要显著大于一般食品消费的收入弹性。随着人均收入的增加，我国国内乳制品消费需求存在着极大空间，乳制品将逐渐成为居民的日常消费品。乳制品的销售量不仅体现出国内的需求，更体现出乳品企业的方方面面，诸如品质好坏、品牌影响力等。2014年国内乳制品消费低迷，人均乳制品消费水平为26.7kg，而往年最高达到了32.7kg，需求弹性体现明显。再者乳制品受价格的影响极大，这也是乳制品企业在竞争中频繁展开价格战的原因之一。

2.5.2 影响乳制品流通的因素

1. 乳制品的品种

1)巴氏杀菌乳

相对于 UHT 乳而言，巴氏杀菌乳具有新鲜、营养价值高的优点，因此“新鲜”成为巴氏杀菌乳的最大优势。巴氏杀菌乳的保质期一般只有 3～7 天，因此要求配送及时、冷链配送，物流成本自然较高。由于受到保质期和冷链运输等因素的制约，巴氏杀菌乳的销售半径具有很大的局限性，大大制约了巴氏鲜乳的发展，一般都是当地生产，就近冷藏销售。

2)酸乳

和巴氏杀菌乳一样，酸乳的保质期也相对较短，一般为 7～21 天，而且一定要冷链运输并且冷藏就近销售，但常温酸乳除外。和巴氏杀菌乳相比，酸乳不但具有巴氏杀菌乳的全部营养素，而且酸乳能使蛋白质结成细微的凝块，乳酸和钙结合生成的乳酸钙更容易被人体消化吸收，乳糖被降解，避免了乳糖不耐的发生。正是由于酸乳的这些优点，酸乳市场逐年高速增长，达到了目前乳制品市场的 20%，发展潜力巨大，因此酸乳的流通也显得至关重要。

3)UHT 乳

UHT 乳在灭菌过程中营养损失多于巴氏杀菌乳，但保质期比较长，且无需冷藏，因此运输成本较低，销售半径较大，可以覆盖全国。

4)乳粉

乳粉的保质期在乳制品中最长，因此销售范围比较广，而且不需要冷链运输和冷藏。

5)冰淇淋

冰淇淋的保质期比较长，一般在－18℃下可以贮藏几个月。冰淇淋运输和储存需要低温，因此需要冷链运输和冷藏销售。

2. 物流技术水平

乳制品的贮运流通受物流技术水平影响较大，乳制品冷链物流是一个复杂的系统工程，需要各种设施、设备、技术、网络以及人员等的配合和支持。乳制品冷链物流使用的设施设备与一般物流配送设备不同，因为它们都需要有制冷功能，包括冷藏设施、冷藏运输设备、冷藏销售设备等。支持乳制品冷链物流的核心技术，如地理信息系统、配送线路优化技术、移动定位技术、RFID 技术等，都较一般的物流配送复杂，因为乳制品保质期较短对配送时间的要求较高。

随着人们生活水平的提高，对于乳制品的冷链食品需求量越来越大。乳制品的物流类型有两种：①一般物流，主要针对乳粉、UHT 乳等，对产品安全性、实时性以及可追溯性要求较高；②冷链物流，主要针对巴杀乳、酸乳、冰淇淋等，要求仓储、运输和配送过程中都要保持一定的低温条件和温度稳定。在国内，多家企业都建立了自己完善的冷链系统，如光明、蒙牛、伊利、新希望等。

在我国，乳制品冷链运输系统基本由乳制品生产企业控制，保证了生鲜乳从采集至最终到达消费者全程的适宜温度控制，但是在运输途中保证其全程低温，以及在销售环节等保证在适宜的低温环境中，仍然是我国乳制品产业链的薄弱环节。在乳制品集中消费的城市及乡镇中，消费者在购买产品时比较重视乳制品的生产日期和保质期限，大部分的农产品市场和超市等销售场所，都对乳制品的供货与柜台展示等提出了相应的要求。加强区域乳制品配送企业的规范化配送，对乳品产业链的末端链有着重大意义，不仅能够树立企业品牌形象，而且能够让消费者对乳品企业重拾信心，对目前处于乳制品消费低迷的情况的改观有较为明显的影响。

2.5.3 乳类产品贮运流通模式存在的问题及建议

1. 产品贮运流通存在的主要问题

目前我国乳制品流通模式存在一定的问题，而这些问题的存在是阻碍我国乳制品产业持续、良性、健康发展的关键因素。

从2008年的“三聚氰胺事件”、2011年的“皮革奶事件”等可以看出，如果乳制品的贮运流通模式缺乏快速、协同的反应机制，一旦质检出现不达标的情况，发往市场的乳类产品无法召回，从而流向市场至消费者手中，不仅严重影响人们的生命安全，更会导致乳品企业在困难阶段雪上加霜。从产业链上游原奶供给出现的“倒奶事件”、乳产品价格下降出现的“拒奶”现象都表明，乳产业链上一旦其中一个环节出现问题，对整个产业链具有重大影响，甚至导致整个产业模式崩溃。

整个乳产业链由利益分配关系而衍生出多个利益主体，从而出现利益分配不均现象。那么在市场出现波动时，如2014年全球乳业降温出现的“倒奶、拒奶”事件，作为原奶的供给者，弱小的散户及小规模养殖户的利益主体往往被弱化、忽视，利益空间压缩而出现忽视产品质量的机会主义者。然而利益分配不均导致组织合作关系薄弱且存在严重的运营风险，在乳类产业链中多以龙头企业为主体，一旦市场行情发生变化，企业会谋求自身利益的最大化，不惜牺牲其他参与主体的利益。

乳品流通环节多、产业链长是整个乳业产业都存在的问题，这些问题除了影响贮运流通效率之外，还能导致乳制品由于运输时间、贮运技术等原因而造成的质量问题。

2. 提升乳类产品贮运物流条件的措施

1)加强合作社模式建设进程

乳制品的流通选择模式与饲养方式、企业对奶源的选择和企业本身的销售渠道有很大关系，鉴于在原料乳流通模式中“企业＋合作社”或“奶农协会”的模式在目前的占有量仅有10%，急需建立产销一体的乳业合作社，充分挖掘和发挥合作社与奶农协会的潜力。这种模式旨在建立明确的组织关系，利益的一体化不仅能够保护弱小利益体的利益，而且能够在参与市场竞争的同时加大整个乳类产业链的抗风险能力，从而达到双赢，促使乳品产业的健康可持续发展。

2)加强快速反应协同机制，强化自有奶源基地建设

建立快速反应协同系统机制对监测过期乳、防止问题乳流向市场有重大作用。建立供应信息与零售商和供应商的共享机制，互通有无，降低对不同主体的利益损害，以实现利益均衡化。乳企业在与奶源地合作时，要加强自有奶源基地建设，以应对充满无穷变幻的市场状况。在乳品产业的重大升级和转型期，抓住机遇，在不断进行企业自身改革，引进国外先进技术的同时，建立有效的运营模式和市场供应体系。

3)开辟新的消费市场，拓宽销售渠道，建立完善的流通体制

针对目前我国乳制品主要消费地区为一线城市和二线城市，开拓三线城市及农村市场的消费

既是市场机遇更是乳业的机遇。建立有效的农村市场流通渠道，以满足广大农村消费群体日益提高的营养消费需求。随着市场细分的逐步加强，拓宽销售渠道有利于企业加强在市场竞争中的实力，更加有信心面对外资的冲击，例如强化终端形象建设、采用三级分销网络、自建销售机构、网络销售等。随着电子商务的发展，网络销售平台直接与消费者的对接不断加强，对于消费群体的培养及口碑树立有着积极作用，发展新兴的销售模式刻不容缓。

4)建立完善的流通体制，加强流通管理

在市场流通体制建设上要不断完善，降低乳制品在流通环节上的成本。在乳业产业链的上游，加强建立合作社组织关系，加强散户及小规模养殖整合力度，加强建立与乳品企业的高效合作体系，打通乳制品流通产业链，降低成本。作为现阶段销售主体的大型超市，可直接与产业链上游的合作社或者乳业协会合作，减少其中的流通成本。加强流通体制监管，确保利益的平衡分配，能有效预防和控制乳制品的质量安全。

第3章　四川省乳类产业发展及现状研究

【本章摘要】 本章通过对四川省乳品企业和奶源基地的现场调研，收集大量现场相关数据和资料，并结合查阅部分资料进行统计分析，对四川奶源、基地建设、加工、奶产品、营销等乳类产业发展及现状进行分析和综述，并提出四川省乳类产业发展的对策。

课题组走访了四川省27家乳品企业及其奶牛养殖场，对养殖规模、奶牛存栏量、产奶量、奶产品产能等进行了调研，收集了大量的原始数据；同时，查阅了2013年《中国统计年鉴》、2016年《中国奶业统计摘要》等相关资料，对四川省乳类产业发展及现状进行研究。据《中国统计年鉴》(2013)，2012年全国乳类总产量为3875.4万t，四川省为72.2万t，占全国的1.86%，居全国第11位。而截至2013年，四川省牛乳人均占有量为7.7kg，远低于全国平均水平的27.2kg，居全国第19位，可见四川省的牛乳产量和人均占有量均处于较低水平。

3.1　四川省乳类生产分析

四川省是我国重要的乳制品生产和消费地区，作为全国畜牧业大省，其乳业的持续健康发展对西部地区乃至全国的乳业发展起到积极的作用。但就乳制品消费而言，其仍处于发展阶段，乳制品消费额同比增长不明显，潜在地说明消费者的乳制品消费意识仍然不强，消费信心还没有根本恢复。但业界一致认为，收入倍增计划的实施，居民饮用乳制品意识的增强，以及乳制品质量安全水平的上升，未来乳制品的消费需求必将呈刚性增长。

总体上看，四川的乳类发展虽与全国基本同步但略有落后，特别是在技术水准、平均产乳量、人均消耗量等方面达不到全国指标，但在奶源、市场持有率等方面又具有优势。

据2013年统计资料表明，四川省现有奶牛存栏947.10万头、中国荷斯坦及改良奶牛21.94万头、其中中国荷斯坦奶牛19.24万头、乳用西门达尔奶牛2.5万头、娟姗奶牛0.04万头、改良奶牛(娟荷/西荷)0.16万头。此外存栏西门达尔兼用牛及改良牛46.00万头，摩拉/尼里改良水牛6.00万头，其中乳水牛0.10万头；阿坝、甘孜及凉山州牧区挤乳牦牛110万头，山羊存栏1649万头，其中乳山羊仅1.2万头。乳山羊是我国主要的乳畜之一，其投资少、收益大、采食量小、转化粗饲料能力强、繁殖率高，在四川、云南的南方浅山丘陵区乳山羊饲养呈上升的优势下，形成产业优势的却在陕西。

由于四川省奶牛缺乏统一的育种管理和研究，血缘混杂导致牛的利用年限很短，仅为2.5年左右，繁殖率不到70%。与国内其他省区相比，无论是奶牛数量还是良种数量都相距较大，奶牛资源严重不足导致奶源严重缺乏。不过四川的气候温和湿润，牧草四季常青，产量高。四川省有草原、草山和草坡近亿亩可供利用，加上25°以上的坡耕地退耕还林还草和全省农区秸秆资源，牧草资源居西部之首。以洪雅县为例，全县实施退耕还林还草每亩每年可养奶牛0.5万头，按此推算，根据 2013 年全省开发的草坡公顷数，四川可增养奶牛上百万头。

在奶牛快速发展过程中，存在只求数量忽视质量的倾向。由于奶牛繁殖周期长，各地纷纷到省外购买大量的低产荷斯坦 2～3 代杂交牛，导致全省低产奶牛比例占到 50%～60%，而且奶牛群体结构不合理，能繁母牛比例不到 55%；奶牛养殖方式落后，规模化标准化水平较低，全省 5 头以下奶牛养殖数量所占比重达到 45%左右；散养模式仍居主导地位，养殖水平低下，精饲料饲喂量过大，优质青粗料供应严重不足，导致奶牛单产水平较低。

2013 年四川省乳产量 70.53 万 t，全省人均本地乳类占有量 7.7kg，人均乳类消费量 28kg，其中成都市人均乳类消费量 50kg，人均乳类食品消费支出达到 376 元，占食品消费支出的 6.1%，而省内一些中等城市的乳类占有量人均不足 1kg。近几年，大量的国外和省外的乳制品进入四川省市场，特别是固态乳制品，每年外来量达 4000 余吨，超过四川省的自身产量。据统计，成都市场上本地乳及乳制品仅占 23%的市场份额。

3.1.1　四川省乳类生产区域分布状况

20 世纪八九十年代，四川省奶牛养殖主要分布在成都、自贡等大中城市郊区，以国有农垦奶牛场为主；90 年代后期，农垦奶牛场开始逐步退出奶牛养殖，农户开始涉足奶牛养殖，养殖规模小而分散。进入 21 世纪后出现了农户小区规模养殖和集约化、现代化牧场共同发展的局面。2007 年，四川省政府在资阳、遂宁、眉山启动现代畜牧业试点，奶牛养殖主产区眉山榜上有名，这标志着四川省奶牛产业成功搭上四川省现代畜牧业这趟“高速列车”，奶牛业迎来了新的发展契机。

2013 年，全省乳类产量 70.53 万 t，与 2012 年的 71.96 万 t 相比有所下降。在牛乳产量中高原牧区牦牛乳产量 21.0 万 t，但牧区大部分牦牛乳都被牧民自己加工食用，可用于商品加工的牦牛乳原料量少。全省可用于加工的商品鲜牛乳 56.0 万 t，平均日供原料鲜乳 1500t，每天从陕西、宁夏等省份运回鲜乳 200t 用于加工乳制品。中国荷斯坦奶牛及改良奶牛养殖和牛乳产量主要分布在眉山、成都、绵阳、南充、达州、凉山、雅安、资阳、自贡等 9 市州。其中眉山市为四川省及西南地区的乳业大市，眉山市奶牛存栏 7.3 万头，年乳产量 20.00 万 t，奶牛存栏量和乳产量占全省 1/3 以上。2013 年，全省存栏奶牛 20 头以上规模饲养量的占 54.8%，奶牛养殖 5 头以下的散养农户 1/6 左右逐步退出奶牛养殖，呈现小规模分散养殖向适度规模养殖集中发展的趋势。

3.1.2　四川乳类生产加工基本情况

1. 奶牛场基本情况

1)奶牛场建成使用情况

2013 年四川省的奶牛饲养规模情况见表 3-1。全省规模奶牛养殖小区和奶牛场 276 个，51 个存栏奶牛 200～1000 头的标准化规模养殖小区(场)得到改(扩)建，其中中央财政投资改造 33 个，地方投资改造 18 个；7 个规模场通过 GAP 评定，14 个奶牛场被评为标准示范场；7 个规模牧场通过学生饮用奶奶源基地升级计划审查，目前全省共计 10 个牧场成为学生饮用奶奶源基地示范牧场；无公害畜牧产品场 12 个。荷斯坦奶牛 20 头以上规模养殖的占比上升到 54.8%，其中规模在 1～49 头的奶牛场比重为 98.88%，50～499 头的比重为 1.03%，500～999 头以上的为 0.06%，1000 头以上的为 0.03%。

表 3-1 四川省奶牛饲养规模情况

年存栏量/头	四川省养殖场数/户	全国养殖场数/户
1～49	26399	2167409
50～499	275	28319
500～999	18	2083
1000 及以上	9	1020

由于乳制品质量安全事件的不断发生，乳品加工企业越发认识到奶源基地建设的重要性，在调研的 9 家大规模奶牛场(1000 头以上)中，由其自建的奶牛场比例达到了 58.82%。为了解决配套饲料的问题和降低成本，规模化奶牛养殖场中绝大部分通过自有饲料地或租种饲料地来种植粗饲料，种植品种主要有青贮玉米、牛鞭草、苏丹、苜蓿草。

2)奶牛场牛群结构

2007～2008 年，《国务院关于促进奶业持续健康发展的意见》《乳品质量安全监督管理条例》《奶业整顿和振兴规划纲要》《乳制品工业产业政策》相继出台，国家对乳业发展的扶持政策也日趋完善，我国乳业在恢复中加快发展，奶牛存栏量逐年上升。

合理的牛群结构是规模化奶牛场规划和建筑设计的前提，也是指导奶牛场生产管理和牛群周转的关键，牛群结构是否合理直接影响到奶牛场的经济效益。正常情况下，规模化奶牛场合理的牛群结构为：成母牛占整个牛群的 55%～60%，泌奶牛占整个牛群的 50%，犊牛占整个牛群的 9%，育成牛占整个牛群的 18%。从 2008～2012 年的四川乳业统计情况来看，奶牛存栏量最多的时候为 20 万头，最少的时候为 18.8 万头，基本呈上升的趋势。

3)乳业从业人员配置

目前，管理水平较高的、理想的规模化奶牛场人牛比例一般为 1∶50，即平均每人饲养 50 头奶牛。2013 年中国乳业年鉴统计数据表明，2008 年乳业从业人数为 0.69 万人，2012 年为 0.67 万人，在 2009 年从业人数最少为 0.53 万人，主要是受“三鹿乳粉事件”的影响导致。这些数据表明，奶牛场的人牛比例并没有趋于理想，最好的时期，人牛比例也只达到了 1∶37.17。

2. 生产管理状况

1)品种及繁育

常见的奶牛品种主要为乳用型和乳肉兼用型，主要有荷斯坦牛、娟珊牛和瑞士褐牛。规模化奶牛场饲养的奶牛都为荷斯坦奶牛，有少数奶牛场饲养了娟珊牛。这些奶牛来源主要是自繁自育，其次是通过国内购买和国外引进。目前，四川省的荷斯坦奶牛及改良牛存栏 22.8 万头、高原牦牛存栏 310 万头。

2)冻精使用情况

奶牛场采用的冻精分为普通冻精和性控冻精两种，普通冻精主要分为国产和进口。从调查数据得知，目前四川省奶牛场普遍使用的是国产普通冻精，主要品牌有上海光明荷斯坦、北京奶牛育种中心等。采用进口普通冻精奶牛场的比例较低，唯一品牌是美国环球育种公司。普通冻精的配种成功率在 50%左右。

性控冻精也分为国产和进口两类，使用国产性控冻精的品牌为蒙牛赛科星繁育生物技术股份有限公司。采用进口性控冻精的比例不足五成，主要品牌为亚达·艾格威公司。性控冻精配种成功率为 60%～70%，产母犊率为 90%以上。

3)饲喂方式

奶牛场的饲养模式主要有：散栏式、拴系式、散放式。随着四川省奶牛养殖业的不断发展，奶牛场规模化、机械化和标准化生产水平逐步提高，奶牛的饲养方式也在不断成熟和科学。规模化奶牛场的饲养方式从传统的拴系饲养，逐渐向现代散放饲养方式发展，TMR饲喂技术和设备逐渐在规模化奶牛场普及，挤奶方式也在从人工挤奶向机械化挤奶转变。

在调研的规模化奶牛场中，大部分都使用了TMR搅拌车、挤奶机，此外，牛床的使用也较为普遍。牛床的垫料主要为沙土、橡胶垫、稻草稻壳、干牛粪、锯末等。牛床使用的垫料具体分布情况见图3-1。

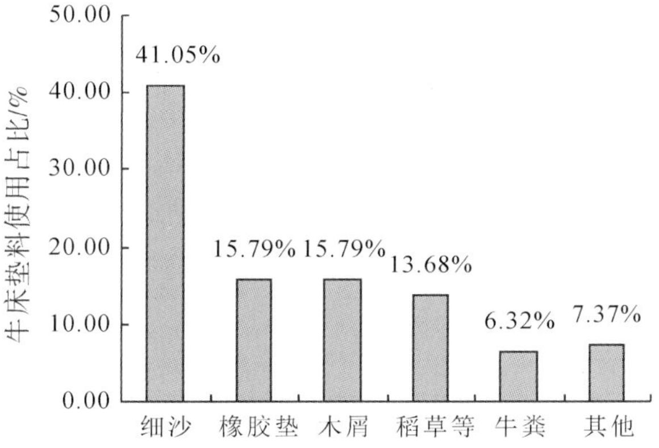

图3-1　牛床垫料使用情况

4)饲草饲料

奶牛的饲料种类分为粗饲料和精饲料。调查数据显示，规模化奶牛场饲喂的粗饲料主要是苜蓿、羊草、青贮、黄贮、秸秆，其中秸秆、青贮主要来自自有饲料地或租种的饲料地，这些饲料地能满足奶牛场粗饲料需求的5%～7%。其余的需要通过本地或外地购买才能满足整个牛场牛群对粗饲料的需求。近年来，饲料价格上涨、运输费用增加，成为规模化奶牛场经济效益逐年减少的主要原因。调研的奶牛场中很大一部分都使用苜蓿饲喂奶牛，饲喂苜蓿的奶牛场中有一小部分的奶牛场全群饲喂，其余的主要饲喂泌奶牛。从来源看，多数奶牛场使用的苜蓿主要依靠外购，奶牛场使用苜蓿的来源情况见图3-2。进口苜蓿价格为3000元/t以上；国产苜蓿价格较便宜，为2000元/t左右。

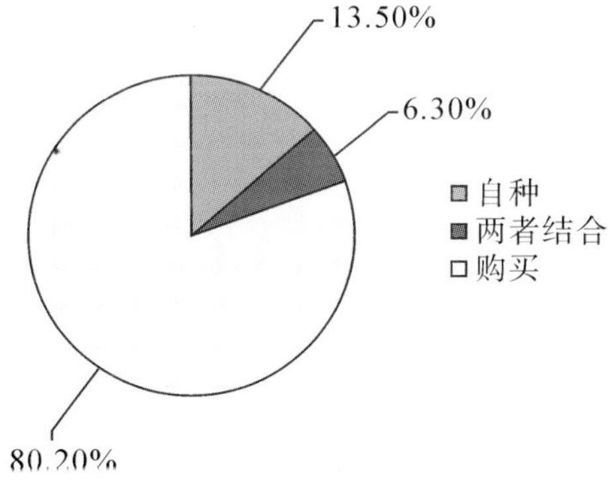

图3-2　奶牛场使用苜蓿情况

5)奶牛常见疾病

疾病防治方面，奶牛场用于疾病防治的费用差别很大，每年在20万～100万元，平均每头牛为200～300元/年。从疾病类型看，奶牛场常见的疾病排在前3位的分别是肢蹄病、乳房炎和繁殖障碍疾病。

6)生鲜乳质量情况

调查数据显示，在生鲜乳产量方面，四川省奶牛场成母牛单产有了较大幅度增长，2011年调研奶牛场成母牛平均单产为6830kg/年，2012年为7550kg/年。

调研结果表明，生鲜乳营养指标方面，2010年规模化奶牛场生鲜乳的乳脂率、乳蛋白率、干物质含量分别为3.72%、3.18%和11.8%；2011年分别为3.8%、3.2%和12%；卫生指标方面，2010年规模化奶牛场生鲜乳细菌总数和体细胞数分别为5万cfu/mL和20万cfu/mL，2011年保持不变。

7)原料乳销售价格情况

根据2014年四川省原料乳销售价格的调查数据，有接近一半的奶牛场原料乳销售价格为3.30～3.70元/kg，还有相当比例的牛场原料乳销售价格在4.20～4.50元/kg。2013年，四川省鲜乳价格受供求关系影响上涨较大，主要企业生鲜乳的收购价由2012年的3.20～3.80元/kg上涨到2013年底的4.80～5.20元/kg。

2012年以来，企业收购标准采用《GB 19301—2010 食品安全国家标准 生乳》，要求生鲜乳中的蛋白质含量为2.95%，酒精实验75(++)阴性的要求相对国标也提高了。标准收购价可根据鲜乳质量浮动5%，规模化牧场的收购价为5.40～5.80元/kg，鲜乳屋(鲜乳吧)对标准化牧场牛乳收购价6.00元/kg，收购标准也使用《GB 19301—2010》，但菌落总数含量要求10万cfu/mL，体细胞要求40万cfu/mL以下。根据蛋白、脂肪含量分等级定价格，全年原料鲜乳价格涨幅超过30%。

8)粪污收集与处理情况

规模化奶牛场常见的粪污收集方式有：铲车清粪、水冲清粪、电动机械刮板清粪和人工清粪。此次调研数据显示，奶牛场环保处理的主要循环经济利用模式为“固形牛粪机械或人工清运→养殖蚯蚓→有机肥”及“牛场污水→沼气→沼气利用+肥源利用”。2013年底，四川省奶牛场蚯蚓养殖达到218家，蚯蚓田面积1500亩。蚯蚓有机肥市场价600元/t，蚯蚓市场价15000元/t。奶牛养殖业带动了蚯蚓产业，四川省牛粪蚯蚓养殖有机肥循环利用成为国内最具规模和特色的产业之一。

3. 存在的主要问题

1)夏季天气炎热，对奶牛生产性能产生不利影响

四川处于热带、亚热带气候地区，高温高湿的气候条件使得奶牛的产乳量严重下降，热应激问题一直是我国南方奶牛养殖业发展的一个瓶颈。奶牛比较耐寒怕高温，炎热会导致奶牛热平衡破坏或失调，不仅产乳量和繁殖率显著下降，而且抵抗力会减弱，发病率增高。

2)优质饲草开发利用不足

四川虽然水资源、草地资源丰富，但由于气候条件的限制，可利用的饲草饲料资源明显不足，特别是优质的苜蓿和青贮玉米，必须依靠北方运输或进口，导致生产成本提高。饲草饲料的缺乏已经成为制约我国西南地区乳业快速发展的一个重要因素。

3)奶牛养殖集中地区对周边环境污染严重

随着奶牛养殖业的快速发展和养殖规模的不断扩大，污染问题也日益突出，原有的粪污处理模式及设施已无法满足集约化、规模化养殖排污的要求。还有部分规模化奶牛场存在随意弃置养殖废弃物的现象，夏季异味扰民严重，而且容易滋生细菌、引发疾病、产生渗滤液，威胁地表水和地下水安全。

4)乳品加工能力不高

由于鲜乳具有易腐和不宜长时间保存的理化特性，生产出后应立即进行加工，因此乳品加工规模及其分布，对于乳业生产的发展具有特别重要的意义。四川省农区、牧区奶源基地的奶牛饲养规模小而分散，乳品加工企业受奶源半径限制，造成规模小、集约化经营水平低。同时，由于饲养分散、手工挤奶，造成原料奶新鲜程度差，影响高质量乳制品的生产，大多以生产乳粉为主，缺乏市场竞争力。而大中型乳品加工企业受奶源基地发展的制约，目前的加工发展已受到奶源供应紧张的影响。因此，乳制品加工能力不足，目前仍是制约乳业发展的一个重要因素。

5)乳类产品品种相对单一，整体品质不高

四川省乳品品种相对单一，乳品加工企业之间产品趋同，靠打价格战争取市场。面对蒙牛、伊利和光明等乳企丰富多样的产品种类，本地乳品品种略显单薄，主要产品是常温液态奶。营养价值较高的巴氏奶、常温奶、酸奶长期在低价位运行。新产品开发不够、整体品质低于其他一线品牌，低温乳制品、调制乳和功能乳产品及对应的加工工艺没有得到充分开发和应用。虽然安全性在“三聚氰胺事件”中呈现了高姿态，然而在总体的品质上，仍旧逊于一线品牌，无论是味觉上，还是包装上，都很难得到消费者的青睐。

4. 对策建议

1)改善奶牛生活环境

改善奶牛生活环境，提高奶牛“福利”，是保证奶牛健康，同时也是生产优质生鲜乳的必备条件。养殖场应保证空气流通，做好保温降暑工作，保持圈舍和牛体卫生，驱杀蚊蝇，定期消毒。夏季应多注意饲料的合理搭配与质量，调整饲喂时间，保证充足饮水，在日粮中添加抗热应激物质。

2)扩大优质饲料种植面积

确保奶牛优质饲草资源的供给，是提高奶牛单产和生鲜乳质量的关键。要抓好农作物秸秆资源开发利用工作，实现饲草饲料的多样化，并进行科学合理的营养搭配，做到适口性好，营养全面，以满足奶牛生产需要。

3)控制奶牛养殖的环境污染

根据市场需求，利用自然资源优势，发挥社会力量，多渠道、多途径开展粪污综合治理，变废为宝。一是发展种养结合模式，使粪污消纳能力与养殖规模相配套；二是实施沼气配套工程，养殖场配套建设适度规模的沼气池，将粪污转化为生活能源及植物有机肥，实现粪污资源再利用，达到减排的目的；三是开展深加工，实现粪污处理商品化。

4)提高乳品精深加工能力

调整奶产品结构，把液态奶作为市场开拓的重点，挖掘液态奶市场的巨大潜力，在深入调研市场的基础上进行新产品开发，进一步细分市场，满足消费者对各种口味产品的需求，特别要针对儿童的心理和生理特点，开发受儿童欢迎的各种风味奶，培养新一代稳定的奶类消费者。学习国外和省外优秀的乳品企业的先进加工技术，加强技术改造，提高产品质量。

3.2 四川乳类进出口状况分析

2008年爆发“三聚氰胺事件”以来，我国乳业遭遇了前所未有的信任危机，质量安全问题给国产乳业造成了致命打击，但这却为外资奶企提供了广阔的市场空间，我国的进口乳制品量呈扩大的趋势，尤其是进口乳粉。

3.2.1 四川乳制品进出口现状

1. 乳制品进出口量差大

2008～2012年，四川省乳业进出口状况统计结果见表3-2。由表3-2可知，四川省乳制品进出口以干乳制品和乳清为主，2012年进出口总量达到7259.86t。2008～2012年，乳清与干乳制品进出口量相持不下，2012年更是双双突破3000t，乳粉位居第三。2008年，乳粉进出口量仅为3.65t；2009年达到98.01t；2010年和2011年乳制品进出口量大幅提高。但液态乳的情况不容乐观，进出口总量仅0.56t。在现在的大环境下，我国的乳制品几乎还是以进口为主，四川省也不例外。

表3-2 2008～2012年四川省乳业进出口状况统计 单位：t

乳制品＼年份	2008	2009	2010	2011	2012
液态乳	—	—	—	—	0.56
干乳制品	1497.45	1514.43	1451.20	2627.95	3629.65
乳粉	3.65	98.01	305.70	848.38	552.00
乳清	1493.80	1416.15	1145.50	1779.58	3077.65

2. 乳制品进口价格变化，并不影响四川省乳制品市场需求

2009年，受国际金融危机影响，全球乳制品价格大幅下跌，进口乳粉平均价格由原来的每吨3000多美元，下跌到2300美元/t，同期乳粉进口量也变为之前的两倍多，涨幅高达60%。2010年，进口乳粉价格迅速上涨，全年平均价格上升到3352美元/t，但我国的乳粉进口不降反升。事实上，进口价格波动幅度超过1000美元/t的贸易现状，并没有对四川省乃至国内乳粉市场需求造成影响。

3. 婴幼儿乳粉事件后，四川省乳制品行业整体还在恢复

2008年“三鹿乳粉事件”后，一些散养奶农宰杀淘汰了部分奶牛，加上2010年初的低温冻害和疫情影响，各地也存在不同程度的非正常淘汰奶牛现象，乳业生产基础受到削弱。由于奶牛繁殖周期较长，从犊牛长到产乳的成母牛需要近3年时间，大量淘汰会导致可用于产乳的成母牛存栏量不足，牛乳产量下降。此外，由于消费需求先于生产恢复，特别是“三鹿乳粉事件”后，三鹿让出了17%左右的乳粉市场份额，产需存在一定缺口。随着国产乳制品价格的上涨，物流技术的不断进步，包括液态乳在内的进口乳制品在快速填补市场空缺。

虽然受到进口乳制品的强烈冲击，但四川省乳制品并不完全处于被动状态，其优势显而易

见：①进口乳制品加上物流、关税成本后价格明显高于国内乳制品价格；②国内乳粉政策调整极为密集，国家对行业龙头的扶持意图明显；③进口乳制品同样存在安全问题，如新西兰乳粉的“双氰胺”事件，进口乳制品发生的问题让消费者在乳粉的选择上更为理性；④我国北方地区出现了大面积的乳荒问题，对于外贸并不发达的内陆城市，国产乳制品仍是国内消费者的主要选择。

3.2.2　四川省乳制品的优劣分析

根据四川省乳制品进出口贸易现状，在进口乳制品数额不断增长的情况下，从价格、我国贸易政策、汇率变动及乳制品行业客观的生产环境等来分析四川省乳制品的优势与劣势。

1. 四川省乳制品优势分析

1)价格优势

相对于加上关税和物流成本的进口乳粉而言，四川省乳制品明显存在价格优势。以乳粉为例，国内一线品牌，例如一桶 900g 的罐装婴幼儿配方乳粉，贝因美的价格在 150～200 元居多，同等重量的新希望乳粉，售价低至 99 元；同等情况下，进口乳价格平均在 85 元左右，最高在 90 元，在国外的终端零售价才 130 元左右，但同品牌、同包装、同重量的乳粉在我国市场上价格超过 250 元。而口碑优良的牛栏乳粉售价甚至上千元，明显高于省内乳粉价格。

2)国家和省政府部门扶持力度较大

2014 年，四川省为发展畜牧产业专门编制了《四川省眉山、资阳、遂宁丘区三市畜牧业发展规划》，规划中将眉山市作为专门乳业发展重点市。四川省乳业发展提出了大中城市乳业区和川西高原牧区乳业的发展计划，其中眉山、成都、绵阳、泸州、南充、凉山、资阳(简阳)等市州分别提出了乳业发展规划，出台了相应的扶持政策。为促进乳业标准化发展，四川省行业主管部门编制了《奶牛场建设》《收乳站管理规范》《奶牛养殖小区建设规范》《四川省学生饮用乳奶源基地奶牛饲养规范》《奶牛青贮饲料生产制作规范》等 10 余个乳业标准。

对于国家关于促进乳业健康持续发展的优惠政策，四川省正在全面落实：①全面实行奶牛冻精普惠制，全省统一招标、分发；②完善奶牛重大疫病防治和扑杀政策，将布病牛、结核病牛列入畜禽疫病扑杀补贴范围；③建立奶牛政策性保险制度，政府对参保奶牛给予 60%的保费补贴；④支持奶牛标准化规模养殖，年存栏 200 头以上的奶牛场(小区)，中央补助 80 万～170 万元，省市地方给以相应基础投资补贴；⑤将牧业机械和挤奶机械购置纳入财政农机具购置补贴范围；⑥推行奶牛贷款担保风险财政补助，支持金融、担保机构加强对乳业发展的信贷支持。

3)靠近消费市场

过去四川省很多乳品企业都没有直属奶源基地，“三聚氰胺事件”发生后，为了适应新形势下的竞争，奶企们不得不转变思路，花重金建设自有奶源基地。例如，新希望正在加紧自有奶源基地的建设，自 2014 年起，新希望就对旗下的四川洪雅牧场进行了扩容，还对部分拥有奶源基地的品牌进行收购。目前，新希望旗下拥有 13 个牧场、13919 头奶牛，年产鲜奶 10.10 万 t 左右。而菊乐公司的奶源基地位于双流区的菊乐昆山牧场，现有奶牛近千头，日产奶量 20t。

奶源基地距离消费市场近是四川省乳品企业的一大特点，像乳制品这样的快速消费品，“远水解不了近渴”，在这点上省内乳制品优势明显。

2. 四川省乳制品劣势分析

1)消费者信心不足

受“三鹿乳粉事件”影响，消费者对国内乳业信心降到最低点，由此引发的整个乳品行业的危机对全国乳业打击深重，直到2009年年末才刚刚平息，然而好景不长，2011年2月“皮革奶”事件又引起社会广泛关注，一系列乳制品安全事件重挫了消费者对国产乳制品的信心。根据网络调查显示，93.1%的消费者认为国外乳制品质量更加有保障。

2)乳制品生产环境较差

随着近年来乳业快速发展，环境资源约束逐步趋紧，各生产要素成本快速上升，使得生鲜乳生产成本节节攀升。近年来，乳业生产的生态环境要求日趋严格，生产者投入粪污等治理的资金增加，一定程度上也增加了生产成本。另外，在产品质量安全方面，乳业发达省份控制措施严格，乳粉等乳制品质量较高。而四川省原乳生产仍以散户为主，加工的乳粉质量波动较大，这也是有些加工企业不愿使用省内乳粉的原因。

乳制品行业的发展牵动着消费者的健康生活，我省的乳制品行业面临诸多挑战。应在现有的行业环境下，深刻分析我省乳制品行业面临的问题，对症下药努力解决这类问题。与此同时，乳制品行业协会应加强与企业和政府的联系，各方共同努力，使我省乳制品的质量水平不断提高，不断以更大的优势立足于国内外市场。

3.3 奶源状况分析

原料乳主要包括牛乳和羊乳。牛乳包括奶牛乳、水牛乳、黄牛乳、牦牛乳，其中奶牛乳占产量的绝大部分而且商品率很高，黄牛乳和牦牛乳多为农牧民自食，形不成商品，而羊乳则是以山羊乳为主，兼有少量的绵羊乳。另外，在一些牧区，也有牧民饮用马乳，但他们都是自用消费性生产，也不属于商品乳和原料乳的范围。日常的原料乳以奶牛乳较为常见。

奶源是未来乳制品发展的焦点问题。乳制品业的源头在于奶源基地，有一种说法：得奶源者得天下。只有拥有高品质的奶源，严格的卫生管理机制和高水平的保鲜技术，乳制品企业才能稳固占领市场。

3.3.1 奶源的养殖方式

目前中国的奶源分为散户奶源和牧场奶源两种，只有30%的牛奶来自牧场，另外70%由散户奶农提供。散户奶源存在两方面的问题：一是品质较差，二是质量难以控制，而规范化的牧场则可以避免这些问题。

早期四川市场以散户奶源为主，而散户奶源由于缺乏规模化的集中管理，其品质、安全都难以把控。但在“三聚氰胺事件”以后，四川龙头奶企开始建设自有牧场。截至2015年5月，新希望在洪雅建有4个自有生态牧场、16个奶牛合作社，仅其示范牧场就占地130亩，存栏荷斯坦奶牛3963头，平均每头年单产达6660kg。其自有牧场均实行科学化饲养管理和TMR饲喂，产品的安全系数进一步提高。菊乐的首个自有牧场于2008年12月建成投产，日产鲜乳10t左右。

在龙头企业新希望、菊乐等公司带领下，四川省乳业模式从“个体散养”到“公司+农户”，从“公司+牧场小区+农户”到“公司+规范化牧场园区”转变。归纳起来，有以下6种模式。

(1)个体散养。这是最原始的养殖方式，一直延续至今且仍占主导地位。散养主要是农户在自家院子里饲喂奶牛，一般10～20头，奶牛吃的饲草料为自家种植的玉米及秸秆和杂草，奶牛的粪便简单堆积发酵还田。奶牛每年定期打疫苗，到附近的乳站集中机械挤奶。这种模式比较粗放，奶牛单产较低。

(2)养殖小区。这种模式目前受到国家相关政策的明文鼓励，养殖小区的建设由政府主导，统一规划、统一管理、统一建造，然后引导符合条件的乳站进驻，实行“集中饲养、集中挤乳、统一管理、统一防疫”的经营模式。这种模式是散养向规模养殖的一个过渡。

(3)奶农合作社。这种模式是由奶牛养殖户、政府职能部门、乳站经营者组成，按照“入社自愿、退社自由、民主管理、自主经营、利益共享、风险共担”的原则，奶农以奶牛、现金入股，其饲料和订单种植由合作社统一收购，实行公司化的运作模式，形成互相制约的管理机制，奶农按投资比例分红。

(4)奶联社。是由公司搭建技术、管理、现代化设施设备和资金平台，吸纳奶农以现有奶牛入股分红、保本分红、固定回报、合作生产等多种形式入社并获取回报的奶牛养殖合作产业模式。

(5)规模养殖场。在政府及相关部门的大力支持下，企业自建牧场，奶牛全部由企业购进，实行科学饲养，每个牧场存栏奶牛一般1000～2000头。

(6)现代化牧场园区。这种模式的核心是“人畜分离、科学饲养、统一管理、统一挤奶、统一防疫”，大大提高了奶牛的产奶量和牛乳质量，实现了奶牛饲养业向科学化、规模化、集约化、现代化经营模式的转变。

3.3.2 奶源基地情况

1. 四川省奶源基地建设的现状及问题

经过数年的发展，尽管四川省乳产业取得了一定成绩，但奶源基地的建设仍然相对滞后，严重制约着四川省乳产业的进一步发展。目前，四川省奶源基地建设过程中存在的问题有以下几方面。

1)奶牛饲养规模小，管理落后

四川省奶源仍然来自分散饲养的小型牧场和个体农户，饲养手段以手工劳动为主。据奶牛协会统计，四川省养殖规模在百头以上的大型奶牛场主要分布在城市郊区，且数量很少。农户养奶牛虽然有充分利用农村剩余劳动力和饲料资源的优势，但由于饲养规模小、不懂科学饲养、管理比较粗放落后，总体处于小农经济发展阶段，再加上不采用机械挤奶或不注意挤奶卫生，导致奶牛单产低，奶源质量差。

2)产加销一体化经营水平低

随着农村个体奶牛饲养户的迅速增加，农村奶牛的饲养经营模式正在由分散的、小规模的兼养型向集中的、适度规模经营的基地化、专业化生产方向发展。在这一过程中，奶农作为一个群体，在一些地区尚没有形成自己的组织，有些地区即使有组织，也大多为政府主导型或乳品加工企业主导型，所做出的决策很难真正体现广大奶农的意愿，奶农的市场主体地位不能得到充分发挥。同时，大多数奶源基地与乳品加工企业之间仅仅停留在买卖关系上，联合非常松散，缺乏“利益共享、风险共担”的机制。奶牛饲养与乳品加工、产品销售各自分立，相互脱节造成利益分配不均，对乳业的发展极为不利。

3)社会化服务体系不健全

社会化服务体系建设是现代农业的基本特征之一。奶牛饲养社会化服务体系包括饲料供应、疫病防治、饲养保险、科学配种、集中榨乳、质量检测、鲜乳收购、储运等诸多方面。而我国在奶牛饲养社会化服务体系建设中仅停留在人工配种、疫病防治水平上，与科学饲养、现代化管理差距很大，可以说，这也是四川省奶牛单产低、质量差的根本原因。

4)饲草资源匮乏

四川省优质饲草资源匮乏。据资料显示，由于无序开垦和过度放牧等原因造成四川省90%以上的可利用天然草原不同程度地退化，其中明显退化的占50%，天然草原产草量下降30%～50%，载畜能力大大降低。

5)检测设备和检测手段简单落后

发达国家非常重视对原料乳化学组成及卫生质量的快速检测工作，不仅设备先进，而且工作十分规范。目前四川省除了几个大的乳业集团有实力从国外进口价格十分昂贵的乳脂检测仪、微生物检测仪等快速检测设备外，其他中小乳品企业只能采用价格比较低廉、检测项目比较简单的设备，尤其是奶源基地只能对原料乳进行一些常规的检测，对一些致病菌根本无法实现快速检测，无法做到牛乳收购“以质论价”。

6)环保意识淡薄

四川省农户的奶牛多分散饲养在村前屋后，由于粪便得不到及时、科学的处理，环境卫生十分恶劣，再加上防疫意识淡薄，人牛相互感染疫病时有发生。而在一些集中的饲养小区或饲养场，虽然比较重视奶牛饲养卫生，但由于缺乏环保意识，大量堆积的粪便得不到及时处理，致使对周围环境产生不利影响。

2. 加强奶源基地建设的对策和建议

1)大力推进“公司＋基地＋农户”一体化经营

规模化养殖是实现现代乳业发展的第一步，奶牛养殖是周期长、高投入、高风险、集约化、高产出的行业，乳业发达国家也经历了从散户养殖到规模化养殖的历史进程，它们的经验表明，规模化是必由之路，只有实现规模化养殖，才能实施标准化生产。通过标准化管理，才能达到人、财、物、信息等资源的最佳配置，实现集约化经营。在此基础上，才能使产业链各环节各尽其职、各获其利、良性互动、高效运转，最终实现产业一体化经营。

2)积极进行品种改良

繁育推广奶牛优良品种是保证原料乳产量和质量的根本和前提。针对四川省奶牛繁育现状，一要继续完善种公牛站建设，改善设施，扩大生产能力，提高冻精质量；二要完善人工授精站点建设，更新设备，增加熟练人员；三要改善建立标准的良种繁育基地，对基地制定相关的技术标准、规程、规范和管理办法，开展胚胎移植，形成高产奶牛群体，进而为培育优秀种公牛奠定基础；四要重点支持各市区胚胎移植中心建设，提高优质奶牛的扩群建设，进而成为奶牛业高新技术的科研基地和先进实用技术的孵化器。

3)推进规模化饲养，集约化经营

奶牛的集约化生产和规模化经营，有利于吸纳现代牧业的科技与装备，有利于牛乳质量的安全与控制，也有利于劳动生产率和经济效益的不断提高。奶牛的适度规模经营需要一个过程，是社会经济发展到一定阶段的产物。因此，可以先在四川省的重要奶源基地，把奶牛养殖户组织起来，在自愿的基础上建立奶牛合作经济组织，采取现代园区型、家庭牧场型、专业户型等形式，使之成为乳品企业的组成部分或原料基地，以降低饲养成本，增强抵御风险的能力。

4)加强社会化服务体系建设

社会化服务体系包括产前、产中、产后系列服务，是实现乳业生产高效率、高质量、高效益的关键环节。社会化服务的内容不仅包括原料乳的收购、冷藏、储运设备的配套建设，而且包括奶牛良种繁殖、后裔测定、乳及乳品质量监测、疫病防治、饲料与饲料添加剂的供应、技术培训以及市场信息的提供等。四川省政府和乳品企业应形成合力，建立与完善高效、务实的奶牛生产社会服务体系，包括采取低息贷款或无息贷款等优惠政策鼓励欲购买奶牛和挤乳机械的农户及农场，给饲养户提供挤奶设备，以无偿或低收费为养殖户进行疾病防疫、技术培训，经常在基层举办有关提高牛乳质量方面的技术讲座和科技培训等服务。

5)开发饲料饲草资源

以秸秆为粗饲料来源的日料最多可以提供 5000kg 单产水平的奶牛营养需要；使用青贮玉米、不饲喂优质青干草，奶牛年产乳量只能停留在 7000kg 左右；而要达到 8000～10000kg 高产乳量，必须饲喂紫花首蓿青干草加青贮玉米。所以，四川省政府应下大力气治理生态环境，引导、鼓励养牛专业户的种植结构由粮食、经济“二元”结构向粮食、经济、饲料“三元”结构转化。同时，还要在奶牛饲养区大力推广种植紫花首蓿及其他豆科牧草。这样不仅可以迅速改变饲草饲料生产滞后的局面，而且可极大地提高奶牛业的专业化水平，实现效益多元化。

6)建立一批“绿色”奶牛饲养示范基地

自我国加入 WTO 后，随着关税降低、市场开放，乳制品市场竞争将更加激烈，加快绿色原料奶源基地建设，为生产优质乳制品，特别是符合绿色食品要求的乳及乳制品提供足够的优质原料乳乃是大势所趋。在有条件的地方建立一批“绿色”奶牛饲养示范基地，对基地严格管理，从饲料、饲草用药、饲料添加剂、饲养卫生到疾病防治等都要按标准严格评估，确保“绿色”奶源的供应。同时，政府部门可以在宏观调控中采取必要的政策措施来指导和扶持“绿色”奶源基地建设。

7)增强环保意识，改善饲养条件

四川省畜禽养殖(包括奶牛养殖)所带来的污染已对部分区域的环境质量造成了严重影响。因此，对不符合环保要求的奶源基地要逐步进行改造，而对新建牛场在设计上首先要充分考虑环保因素，使奶源基地走上科学、健康、持续发展的轨道。

3.3.3　奶源管理体系的完善

建立完善有效的奶源管理体系是企业管理好奶源，达到质量可控、产品可追溯的必要手段，同时也是提高奶牛养殖水平，推动乳业良性发展的基础。

根据国家《乳品质量安全监督管理条例》等文件，奶源基地的管理组织体系也作出了相应调整。调整的组织体系强化了监督、考核、培训和控制改进的人力资源配置。在以往较薄弱的乳站环节，新增加了鲜乳驻站员，每站一人，实现鲜乳运输车辆的统一管理与调配，并配有押运员，增加了对乳站的监管与核查的三级管理机制，使鲜乳从榨乳到公司的整个过程达到了有效监管，由过去的只重视鲜乳收购量调整为质量与数量并重的模式。

3.3.4 奶源质量风险

我国乳业发展起步较晚，经营模式落后，且鲜乳质量存在很大隐患，对于企业来讲只重视产能的增加，而忽略了奶源基地建设，造成了产能与鲜乳产量的不均衡。因此，在鲜乳短缺季节，企业采取各种手段竞争奶源，放低质量门槛，高价收乳，而不顾奶源基地的培育；在市场销售淡季，鲜乳相对过剩，企业通过压价、提质等手段限收，导致奶农无处交乳，发生“倒乳现象”，严重影响了乳业的发展，同时对乳品质量、企业的生产成本等造成了一定影响。

1. 质量方面

由于多数奶农的奶牛都是分散饲养，并且绝大多数为人工挤奶，基本上是“低投入、低产出、低质量”的状态，原料乳的卫生指标差；在收乳环节，必要的检验因为流动式收乳也无法全面开展，难以保证鲜乳质量，从而影响产品效益。

2. 收购环节

因为收购站设立围绕着奶农养牛村屯建设，而未对分散奶农进行集中，所以出现收购站过于分散和设立过多，二级站、三级站形式普遍存在，给奶源监管带来了很大困难，而且由于环节多、运输形式多，导致鲜乳质量不可控与成本增加。此外，原料乳运输站自行组织车量运输，一部分也采取两个乳站共用一台运输车运输，鲜乳运输过程中没有企业押运员进行监管。

3.3.5 奶源的控制

1. 原料乳生产厂区及车间环境管理

原料乳生产厂区及车间要求合理规划。养殖区要建在上风口，粪水、生活垃圾等要在下风口存放和处理。要保证养殖场内地面干燥平整，没有严重的粪便和尿水积压。工作区以外的地面要进行绿化处理。牛舍要通风、干燥、阳光充足、定期清理。养殖场大门要设置消毒带，对进出的车辆和人，都要采取消毒措施。养殖场不得混养其他牲畜，以免动物交叉感染疾病。每头牛每天都要接受毛发清理，避免毛发夹杂的污物污染乳。

2. 奶牛饲养管理

奶牛要采用集中饲养模式，采用标准的防疫技术、挤奶方法、投喂统一的饲料等。要对养殖场内的饲料、药品等进行严格的质量检测，不断提高奶牛场的安全管理规范性。

3. 挤奶要求

采取集中机械化挤奶方式，挤奶前要对贮奶罐、挤奶器等工具进行消毒处理，消毒水温不低于 82℃。挤奶后采用 CIP 碱酸循环清洗方式对挤奶设备进行清洗。乳房炎病牛、注射抗生素病牛不得上机挤奶。抗生素牛乳挤出后必须单独处置，不得交售乳品加工厂。挤出的牛乳需由专人管理，且在 2 小时内降温至 0～4℃并及时运往乳品加工厂。挤奶人员须经过奶牛泌乳生理和挤奶操作工艺的培训，合格后才能上岗操作，挤奶人员必须身体健康，达到行业卫生规定的各项标准。

4. 原料乳的运输

采用专用原料乳冷槽车运输，并由专人(押乳员)负责管理原料乳运输途中的安全。

5. 原料乳的检测与验收

原料乳经过生产加工处理后，由乳品公司派人验收，产品的感官、密度、酸度、脂肪、蛋白质、非脂乳固体、杂质度、掺杂掺假等指标合格后方可投入生产，卫生指标、菌落总数规定每周抽测 1 次。验收合格标准按 GB 19301—2010《食品安全国家标准生乳》严格执行。

6. 原料乳的处理

对于理化指标、微生物指标验收不合格的原料乳，要严格进行标准化处理，通过处理检测理化指标合格后方可投入生产。对于检测出的掺杂掺假(添加糖、盐、淀粉、碱等)行为，经证实，要当场销毁该批牛乳。验收合格的原料乳应及时消毒或灭菌，如未及时消毒或灭菌的，必须降温至 0～4℃储存，但不得超过 12 小时。

3.4　乳类加工企业状况分析

目前四川主要有 40 余家乳加工企业，其中有 20 余家分布在成都、绵阳、自贡、南充等大城市，主要加工能力则集中在成都，比较知名的有四川菊乐食品有限公司、新希望乳业控股有限公司、西部牦牛产业集团公司及中美合资企业四川奶奇乐乳业有限公司等。但迄今为止，四川只有新希望乳业一家企业的产品称得上全国知名品牌。据国家统计局中国统计信息服务中心(CSISC)联合新华网、中国质量新闻网发布的《2014 年三季度中国液态乳品牌口碑研究报告》(以下简称《报告》)显示，共计 21 个市场表现比较活跃的主流液态乳品牌，接受了 CSISC 民意口碑包括品牌口碑、品牌知名度、消费者互动度和质量认可等的评价，其结果见图 3-4～图 3-7。

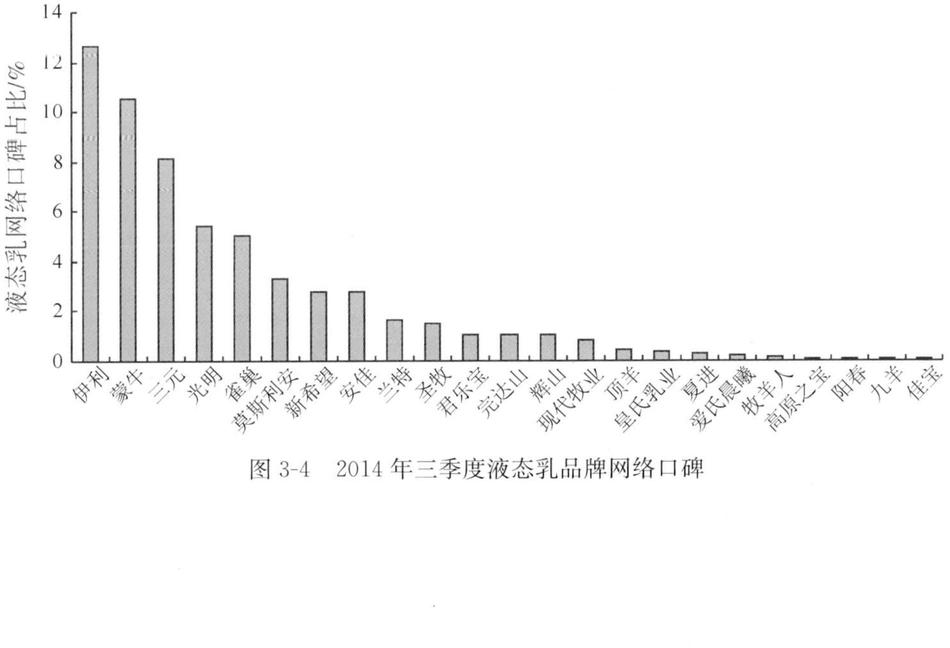

图 3-4　2014 年三季度液态乳品牌网络口碑

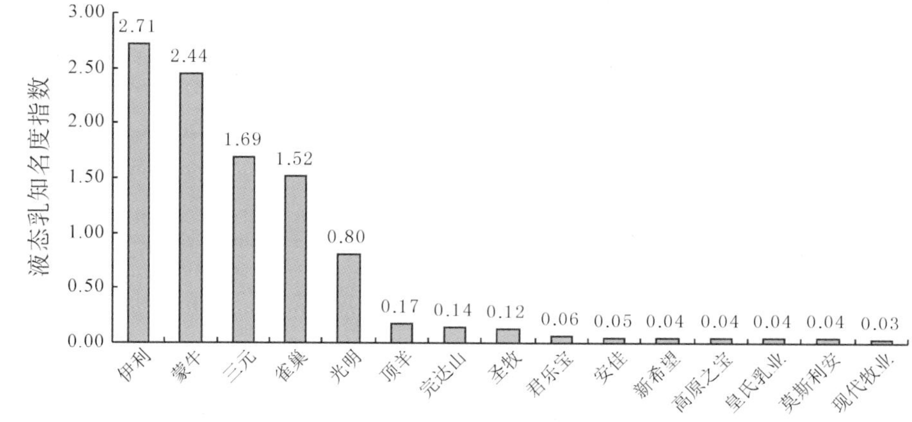

图 3-5 2014 年三季度液态乳品牌知名度指数

从 2014 年三季度液态乳品牌网络口碑上看，伊利凭借较高的品牌知名度，在口碑总指数榜单中位居榜首，新希望受消费者互动度中微博信息的影响较大，排前列。在品牌知名度榜单中，伊利、蒙牛成绩相差不大，新希望因旗下有多个子品牌，产生的信息量相对较多，表现为知名度指数较高。而四川的其他品牌并未在排行榜中。

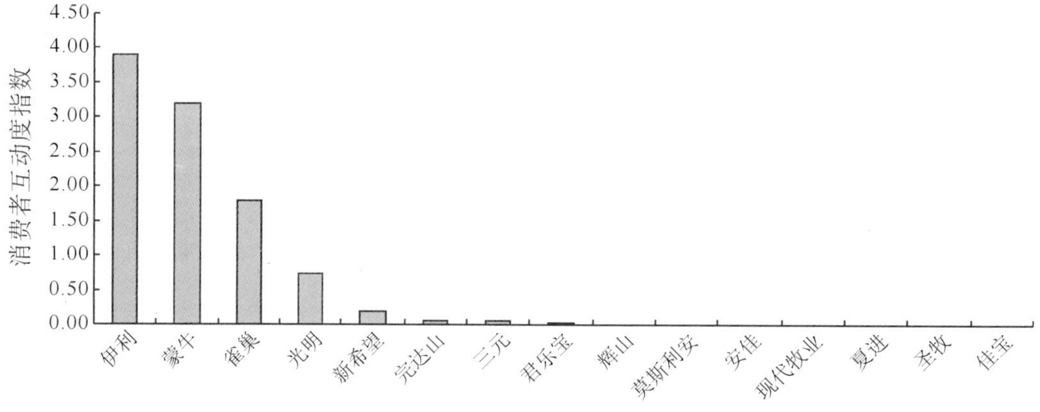

图 3-6 2014 年三季度液态奶品牌消费者互动度指数

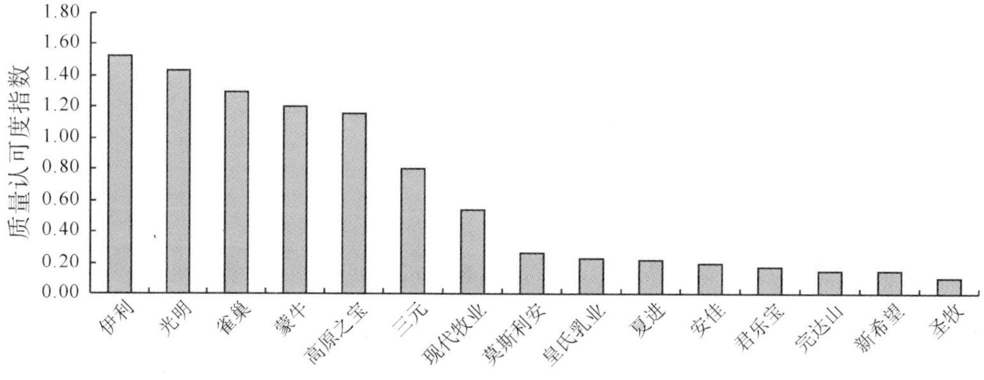

图 3-7 2014 年三季度液态乳品牌质量认可度指数

在 2014 年三季度消费者互动度榜单中，新希望排名靠前，这是受新希望举办的“送牛乳、冒险活动”等的影响，尤其在微博中出现的次数最多。伊利、蒙牛等知名品牌，排名相对较为稳定，在榜单中名列前茅。虽然新希望在品牌知名度和认可上的排名较好，但是在质量认可上排名相对靠后，因此还有很大的进步空间。

3.4.1　四川省乳企业发展现状

四川省 2011 年 1 月重新备案审查，31 家企业具备乳制品生产条件核准。新希望、菊乐、雪宝、伊利、蒙牛等 24 家企业已通过审核换发乳制品生产许可证。四川乳制品加工企业主要分布在成都市经济圈，城郊型性质明显。全省乳制品加工企业日处理牛乳能力达到 5500t，年加工能力 195 万 t。获准乳制品加工许可企业的产品主要为常温液态乳、低温保鲜乳、调制液体乳、发酵酸乳等。2013 年全省液态乳产销量达 81.86 万 t，同比增长 27.77%，位居国内年度增幅第三位；酸乳产量 3.9 万 t；乳粉加工为调剂生产，年产量 1.23 万 t；另外存在大批量含乳制品生产。四川阿坝若尔盖高原之宝婴幼儿乳粉生产许可证正在审批中，2013 年年底前四川乳加工企业无婴幼儿乳粉产品上市。

四川省现有乳制品加工许可企业中(含后续批次审批许可证)，四川新希望、四川菊乐、成都伊利、四川蒙牛、四川雪宝、四川杨森、凉山三牧共 7 家企业成为年产值过亿元企业，其中年产值超过 10 亿元的有 3 家；产值 5 亿元以上的有 2 家；产值 1 亿元以上的有 2 家。产值合计达 54.22 亿元。

四川还有较好的设备优势，现有乳及乳制品加工设备中，有国产罐装机 100 台左右，国产乳粉生产线 10 条，德国、瑞典等进口液态乳罐装生产线近 20 条，美国国际纸业屋顶盒线 4 条，美国国际纸业超高温灭菌乳 1 条，法国百利包线 2 条，日本四国纸业新鲜屋 1 条，液态乳生产设备与国际发展水平基本同步。但一半的生产线由于原料乳资源不能满足供应而不能满负荷运转。

面临国内“蒙牛”“伊利”“完达山”及国际著名品牌“雀巢”和“惠氏”等的强兵压境，四川乳业显得底气不足。究其原因：

(1)规模小，饲养粗放。四川省现有国营乳场 8 个，大多规模在 400 头左右，其余 85%都为个体和私人饲养，平均奶牛 3～4 头，饲养粗放，难以实现有效的疾病防疫。手工挤奶的方式使得奶源质量差，细菌严重超标，有的超标达 20 倍。

(2)奶源基地建设缺乏良好的运行机制。企业大多各自为战，企业与农户，基地与农户间尚未通过很好的利益机制衔接起来，乳品企业与农户还是一种简单的买卖关系，奶农不仅得不到加工、销售环节的利润，也得不到资金、技术、品种的咨询与支持，交换关系极不稳定。此外，由于牛乳的供应和销售高峰季节错位，往往在牛乳供应高峰对奶农随意或拒绝执行收购合同，损伤了奶农积极性。

(3)企业规模小，成品开发落后。四川省乳企中最大的鲜乳处理能力仅几万吨，最小的仅几吨。在开发势头最快的消毒乳上，四川省上市的也是质量差、包装单一。能生产纸盒包装的仅新希望、菊乐等几家公司。就影响恶劣的“倒乳事件”而言，也是由于没有长期保鲜技术，不能解决牛乳的供应和销售高峰季节错位的问题。另外，四川省的乳成品开发也相对落后，世界上现有乳制品 1200 多个品种，我国 120 个品种，而四川仅几十个品种。可见四川省乳品企业产业化程度低，企业缺乏竞争力。

3.4.2 乳企应对措施

1. 狠抓良种繁育，迅速增加奶牛源

四川的牛群基数庞大，运用奶牛胚胎移植、牛改良技术等可在4～5年即可取得成效，迅速增加奶牛数量，在短期内扭转四川省奶牛源匮乏的局面。

2. 加强奶源基地建设，建立社会化服务体系

对乳业基地进行合理的区域布局和规划，引导企业在饲草资源丰富的广大农区、半农区、牧区建立基地。通过发放低息贷款等方式扶持奶牛场，鼓励适度规模经营。建立奶牛风险基金，防止大起大落。积极推广先进的饲养技术和机械挤奶，提高劳动生产率。探索建立以科技服务和信息服务为重点的乳业社会化服务体系，提高防疫技术的全程服务。

3. 实施龙头带动战略，大力推进产业化

以市场牵龙头，龙头带基地，基地连农户，发展“种植＋养殖＋加工＋销售”一条龙的产业化发展战略。鼓励乳类企业强强联合、以强带弱。通过改组、联合、兼并、股份合作、租赁制、承包经营和出售等多种形式，加快企业优化组合，引导现有的大多数中小型企业走专业分工或集约化生产的道路。抓大放小，在行业内选择骨干企业给予大力扶持，鼓励技术创新，通过专项贷款，优先批准条件具备的大型乳品企业上市等手段，逐步建立起具有相当规模和技术实力的企业集团，参与国际竞争。

4. 加大乳制品研究开发力度，制订卫生监测标准

要全方位开拓市场，重点研究低温巴杀乳、液态调制乳等适销对路的产品，以及冰淇淋、干酪等高附加值的乳制品。制订严格的卫生监测标准，采取系统的质量监测措施，提高产品质量和科技含量。

5. 加强人才培养

通过专业培训、科技服务等手段不断提高奶农和从业人员的素质、业务水平。重视乳业中高级人才培养，特别是高级乳品、奶牛育种及乳业经济研究的人才培养。

3.4.3 四川乳业大发展方向

乳品消费应发展为全民消费，一方面有利于提升广大城乡居民的身体素质，另一方面有利于提高乳品企业经济效益，促进乳业快速发展。

1. 深化行业改革，强化政策调控

政府应从政策上给予乳业倾斜，在资金投入和税收方面给予优惠，进而稳定乳业的发展，扶持奶牛业及私营乳加工企业的发展。奶源要向乳品加工企业集中，推动饲养、加工、销售一体化，实现高产、优质、高效、低耗的集约化经营。

2. 坚持持续协调的发展原则

新时期加快四川乳业的发展，必须坚持走持续协调高效的乳业发展道路。在乳业生产发展上，要与农业结构调整步伐相协调；在乳品加工业发展上，要与奶源增长相协调，要与居民的消费水平增长相协调，这是充分发挥乳业作用的基本条件。整个乳业的发展，要使奶源与加工能力相适应，乳品加工企业也应当提出自己的战略发展计划，要有充足的奶源基地。实际上，乳业是非常适合于用农业产业化的组织模式和运行机制来运作的，农业化生产、一体化经营、社会化服务、企业化经营和行业化协调。按照产业化经营特征进行运作的，就会使乳业从养殖、加工到销售形成一体化经营的产业链，各方面相互协调，持续发展。

3. 明确发展重点，加大资金扶持和科研力度

要建立乳业发展多元化的投融资机制，引导外资和省内民间资金进入乳业，形成中外合资、外商独资乳品企业共同发展的新格局，为乳业发展提供充足的资金；同时，加大对乳业发展的信贷支持。另外，政府要加大对乳业科研经费的投入，大专院校、科研院所、生产企业共同合作、共同出资、利益共享。其中应重点加大对奶源基地的科研力度和资金流向。

4. 在速度上，要求稳定发展

乳业的发展，无论是原料乳的生产，还是乳制品的加工都应与消费的增长相协调，否则会造成因原料乳过剩而挫伤养殖户的积极性，从而在发展的源头上失去动力。居民饮乳习惯已经形成，市场容量趋于饱和，这种饱和并不是说牛乳太多，而是很多消费者还没养成喝乳习惯。虽然乳业的增长空间从理论上讲还很大，但就现阶段而言，需求的增长速度要放缓。

第4章　四川省乳类产业及技术发展分析

【本章摘要】为了确定四川乳产业发展目标，本章对收集的调研材料和信息作进一步分析和加工。基于这些材料，进一步对四川乳产品发展特点、乳产业的牧草和饲料、奶牛养殖技术、加工技术和市场进行分析；剖析四川乳产业市场需求主要要素；并利用SWOT方法对四川乳产业进行分析，确定四川乳产业目标。

4.1　四川乳产品及技术市场分析

4.1.1　四川省基本概况

四川省位于中国西南，地处长江上游，介于东经92°21′～108°12′和北纬26°03′～34°19′，东西长1075km，南北宽900多公里。全省地貌东西差异大，地形复杂多样。四川位于中国大陆地势三大阶梯中的第一级和第二级，即处于第一级青藏高原和第二级长江中下游平原的过渡带，高低悬殊，西高东低的特点特别明显。西部为高原、山地，海拔多在4000m以上；东部为盆地、丘陵，海拔多在1000～3000m。全省可分为四川盆地、川西北高原和川西南山地三大部分。

四川气候复杂多样，根据水热条件和光照条件的差异，全省分为三大气候区：四川盆地中亚热带湿润气候区、川西南山地亚热带半湿润气候区、川西北高山高原高寒气候区。四川气候总的特点是：季风气候明显，雨热同季；区域间差异显著，东部冬暖、春早、夏热、秋雨、多云雾、少日照、生长季长，西部则寒冷、冬长、基本无夏、日照充足、降水集中、干雨季分明；气候垂直变化大，气候类型多；气象灾害种类多，发生频率高且范围大，主要自然灾害有干旱，其次是暴雨、洪涝和低温等。

四川省水资源丰富，居全国前列。水资源以河川径流最为丰富，境内共有大小河流近1400条，号称“千河之省”。境内遍布湖泊冰川，有湖泊1000多个、冰川约200余条和一定面积的沼泽，多分布于川西北和川西南地区，湖泊总蓄水量约15亿m^3，加上沼泽蓄水量，共计约35亿m^3。

4.1.2　四川乳产品概述

近年来，四川省各级政府十分重视乳业发展，通过制定优惠政策，加大投入，鼓励奶牛养殖，引进外来加工企业等措施，有力地促进了四川省乳业的迅速发展，全省奶牛数量成倍增长，牛乳产量大幅增加，乳品加工能力大幅提高。同时四川乳产业也暴露出一些不容忽视的问题。因此，明确发展方向，有利于四川乳业更好更快的发展。

1. 乳品市场需求持续增长，乳品加工快速发展

随着改革开放的深入以及人们生活水平的提高，各种乳制品的生产和供应促进了人们对奶的

消费观念的转变，城乡居民对乳制品需求日益增长，牛乳已经从奢侈品转变成了生活必需品。2008 年尽管遭受“三聚氰胺事件”的影响，但四川省乳制品消费潜力仍很强劲，尤其是成都市场乳制品的消费能力很强。2013 年，成都市居民乳制品消费占到了食品消费的 4.4%。

乳品市场需求的持续增长，促进了四川省乳品加工企业的快速发展。新希望、菊乐等一批地方品牌企业初具规模，在本地市场拥有一定占有率。国内大型乳制品加工企业伊利、蒙牛、光明、完达山、维维豆奶、太子奶、娃哈哈等纷纷入川投资建厂，抢占奶源，乳制品加工水平不断提升。菊乐、华西和新希望等本地企业也扩建生产线，提高牛乳加工能力，应对乳品市场的激烈竞争。目前四川省乳制品企业日处理牛乳能力达到 5500t，年加工能力达到 195 万 t。

当前，我国乳业正处于从数量扩张向整体优化、全面提高产业素质转变的关键时期，还有很大的发展空间和潜力。从消费市场、资源条件、政策环境看，乳制品市场有很大的潜力和价值，前景良好。

2. 乳制品产业发展存在的不足

四川省乳制品产业在发展的过程中同时也暴露出一些问题，主要表现在总体规模小，人均乳类占有量不足全国水平的一半；发展环境有待提高，质量安全管理体系不完善；乳制品企业实力较弱，品牌知名度较低，市场半径小；奶农经济合作组织发展滞后，奶牛饲养规模化、集约化水平较低，产业化程度不高；加工养殖发展不匹配，大多数企业无原料乳生产供应基地，乳业一体化发展水平较低等。

3. 发展建议

(1)进一步加强良种繁育与推广，提高奶牛单产。

(2)加强奶源生产基地建设，推行饲草种植和饲养管理标准化。

(3)提升乳制品加工与流通能力，特别是低温产品的物流建设。

(4)加强乳制品质量安全监管溯源体系建设，推行标准化、规范化经营。

(5)应用现代食品加工技术、营养强化技术、乳化技术等开发新产品，使产品多样化、功能化、保健化。

4.1.3 四川乳产品技术市场分析

技术市场是从事技术中介服务和技术商品经营活动的场所。它以推动科技成果向现实生产力转化为宗旨，具体开展技术开发、技术转让、技术咨询、技术服务、技术承包，生产或经销科研中试产品和科技新产品，组织和开展技术成果的推广与应用等。

1. 养殖环节

实现奶牛的高产需要优良的品种、优质饲料的供应、科学合理的饲养管理模式及健康舒适的养殖环境，还需要做好奶牛养殖技术的指导和服务，加大奶牛标准化养殖关键技术的推广力度，加大奶牛人工授精、选种选配等技术服务，推广奶牛养殖环境污染治理相关技术，结合相关项目支持奶牛养殖户采用减排措施和粪污综合利用技术。

四川省奶牛 DHI 测定中心于 2015 年建成并投入运行，奶牛 DHI 等数字化精细养殖技术在四川省的运用，将推进四川省规模化奶牛养殖水平迈上新的台阶。DHI 体系指通过测试奶牛的奶量、乳成分、体细胞数并收集相关资料，对其进行分析后，获取一系列反映奶牛群配种、繁殖、饲养、疾病、生产性能等方面的信息，继而利用这些信息进行有效生产管理的综合体。DHI 等数字化精细养殖技术是世界乳业发达国家普遍用来管理和提高奶牛生产水平的一项综合技术。通过 DHI 报表所反映的信息，可以及时发现牛场养殖管理方面存在的问题，指导养殖户采取措施进行整改，以提高饲料配方的制作、牛群结构的调整、疾病防治及乳房炎的跟踪治疗，有效解决实际问题，最大限度提高奶牛生产效率和养殖效益。

2. 牧草环节

粗饲料是奶牛主要的饲料来源，在奶牛营养体系中占有重要地位。2014 年我国进口干草 100.5 万 t，同比增加 25.9%，主要包括苜蓿草和燕麦草。其中进口苜蓿草 88.4 万 t，同比增加 16.8%。进口苜蓿来源国有所增加，包括美国、加拿大、西班牙、吉尔吉斯斯坦、哈萨克斯坦，但仍以美国为主；进口燕麦草 12.1 万 t，同比增加 182.7%。干草大量进口弥补了规模化牧场对优质粗饲料的需求缺口。

目前，四川奶牛粗饲料主要为农副产品、作物秸秆及天然牧草。目前，四川每年秸秆产量 4500 万 t，约占全国秸秆总产量的 1/12，但农作物等秸秆利用率在 20%以下，而优质牧草和饲料作物较为缺乏，饲草加工、调制、贮存则更为薄弱。目前，四川立足本地资源，栽培地方优质高产的饲用牧草，选育了雅玉 889 及 26 青贮型玉米、“长江 2 号”多花黑麦草、“广益”扁穗牛鞭草、“宝兴”鸭茅等产量高、品质优秀的牧草品种，并且在四川及省外类似生态区得到了广泛的推广应用。同时从省外、国外引进了紫花苜蓿、拉巴豆、苏丹草、高丹草等优良牧草品种。

1)粗饲料生产加工

(1)优质青草生产。奶牛养殖户应充分利用当地的土地资源及轮、间、套等技术建立固定的优质牧草基地，利用高产栽培技术种植适合奶牛饲养的优质高产牧草，供适时刈割鲜用和制作青贮料用。

(2)秸秆加工利用。秸秆经过加工处理后，适口性、采食率以及营养价值会有所提高。目前，比较常见的秸秆加工技术有 6 种。①切割技术：将秸秆下部粗硬部分切去，上部切成 3～4cm 长的草段，饲喂效果最好；②粉碎技术：秸秆粉碎后与精饲料混合饲喂，日粮中至少应有 1/3 的长粗饲料(2～5cm)；③浸泡技术：将切碎的粗饲料或秕壳用水洒湿或浸泡在 0.2%食盐水中，经过 24h 后，使其变软，再与混合料、糠麸混合；④碱化处理技术：秸秆切成 3～4cm 长，将 1.6%氢氧化钠溶液均匀地喷洒在秸秆上，使之湿润，堆放几天后，取出直接喂牛；⑤钙化技术：用 1%生石灰或 3%的熟石灰乳浸泡秸秆，每 100kg 石灰乳泡 8～10kg 秸秆，浸泡 12～24h 后取出直接喂牛；或者取 100kg 切短的秸秆，用 3kg 生石灰或 4kg 熟石灰混加 0.5～1.0kg 食盐及水 200～250kg，将其拌匀后，在平地上或木板上放 24～36h，直接喂牛；⑥氨化处理技术：秸秆切成 1～3cm 长，将氨源均匀地洒在切碎后的秸秆上，边洒边搅拌。如用液氨作氨源，含水量可调整到 20%左右；若用尿素、碳酸铵作氨源，含水量应调整到 40%～50%，氨味消失后饲喂。

(3)青贮。制作青贮料是奶牛养殖场必不可少的一项工作。首先，饲料生产具有明显的季节性，旺季时吃不完，饲草、饲料易霉烂，但冬春季节缺少青绿饲料，青贮可以做到常年均衡供应，有利于提高奶牛的生产性能。其次，青贮料营养丰富，而且具有芳香酸味，能够刺激家畜的食欲，增加采食量。再者，秸秆等农副产品青贮后能够提高其营养价值，可以除去异味和毒素，如鲜喂马铃薯有毒素，木薯也不宜大量鲜食，青贮后可安全食用。此外，玉米、高粱等的钻心虫和牧草的一些害虫，通过青贮可以杀死，减少植物病虫害的发生与蔓延。

2)饲料高效配合技术，粗饲料均衡供给利用

制定青草料种植方案，选择 2～3 种主栽优质高产牧草，保证夏、秋季青草料的供给；在夏秋丰草季节利用优质牧草、各种秸秆、蔬菜等农副产品进行青贮，以备冬春季节用；例如，紫花苜蓿是饲喂奶牛非常优质的牧草，按每头每天 1～3kg 供给量储备，以利冬春季节用。

3. 乳品加工环节

目前，四川省的乳制品加工企业利用营养强化技术、食品风味技术、微生物发酵技术、热杀菌控制技术等已经研发出系列巴氏杀菌乳、风味调制乳及益生菌酸乳等产品。

在乳品在加工环节，有一系列共性的关键技术，如膜分离技术、生物技术、冷杀菌技术、检测技术、干酪加工技术、乳清综合利用技术、直投发酵剂生产技术、质量安全控制技术等，还需要研究开发。

1)膜分离技术

在乳品工业生产中，膜技术应用的时间比较长，膜技术在传统乳品生产中只是用于乳清的处理，但是，在不断的发展过程中，这种技术也应用到了其他领域中。膜分离技术因其具有对环境污染小、能量消耗低、无需使用添加剂、避免产品的热破坏、过滤的同时能将物料浓缩或分离等优点，使得它在乳品加工中显出越来越多的实用价值和广阔的应用前景。

目前发达国家在乳品加工中膜分离技术的应用主要有：①反渗析技术在浓缩乳清中的应用；②纳米过滤技术在乳清的脱盐和浓缩、循环加工用水、循环碱性和酸性清洗液、浓缩和提纯糖液、蛋白水解液和发酵液中的应用；③超滤技术在蛋白质浓缩、分离和提纯中的应用；④微生物过滤技术在除去微生物、孢子、病毒和抗体中的应用；⑤电膜过滤在选择性分离和提纯带电成分(如生物活性蛋白质、多肽和其他分子量大小相近但带电不同的小分子量成分)、水解液处理、恢复乳铁蛋白中的应用。

2)生物技术

生物技术是现代新技术革命的重要内容之一，包括基因工程、细胞工程、酶工程、发酵工程和生化工程等。近年来，将生物技术应用于乳品中的研究主要有利用基因工程技术改造微生物菌种、利用工程菌生产特殊的酶系、利用生物技术生产免疫乳等方面。微生物技术对促进生物技术的出现及发展有很大的推动作用。反之，利用生物技术能够对微生物基因进行重组，能够研究出新的乳酸菌种，而新的菌种在遗传特性以及发酵特性方面都具有非常好的效果。

3)冷杀菌技术

冷杀菌技术是近年来研究较多的一种杀菌技术。利用这种杀菌方式，乳品的温度并不升高或升高很低，营养成分和色香味都没有明显的变化。在乳品加工中，研究和应用较多的冷杀菌技术有高压加工技术、高压脉冲电场杀菌、超声波灭菌、抗微生物酶杀菌、微波杀菌、磁力杀菌、感应电子杀菌、辐射杀菌、脉冲强光杀菌、紫外线杀菌、臭氧杀菌、电阻杀菌等。冷杀菌技术的应用，对提高乳品的品质有较好的作用，促进了乳业的发展。

4)检测技术

乳品工业的发展，要求有效的检测技术对乳制品进行检测，尤其是针对乳中含量甚微，但影响大的活性物质或毒素的检测。在国外超声波技术、生物传感器、免疫学技术和高效毛细管电泳分析技术已被应用于乳品检测和在线检测。此外，ATP 生物荧光技术、细菌生物荧光技术、酶

联免疫分析技术、固定化技术等已广泛应用在乳品工业中。

5)流变学分析技术

流变学分析技术因为能使技术人员对每个生产环节对产品造成的影响和设备的运转情况进行全程了解和控制，而成为乳品科研的重要手段和提高乳品生产技术水平的关键措施。我国在此领域的研究和应用才刚刚起步。

6)冷冻干燥技术

采用冷冻干燥技术能有效防止乳制品中热敏感物质的氧化变质，防止产品表面硬化，增强复水性，最大限度地保持食品的原有品质。免疫乳及其制品多采用此种加工技术。在我国，冷冻干燥技术主要应用在发酵剂的冻干保存上，现在有部分免疫乳采用冷冻干燥技术进行生产。

4.1.4 物流监测环节

在物流监测环节，四川省一些乳品企业建立了低温保藏运输体系，利用进口的FOSS120乳成分分析仪建立了在线监测和快速检测体系，利用物理化学方法建立了原料乳溴麝香草酚蓝试纸法、玫瑰红酸法、溴钾酚紫法等不同的掺碱、掺假检测方法，还建立了物流过程乳品安全追溯体系。

4.2 四川乳产业市场需求要素分析

4.2.1 市场需求的含义

市场需求(market demand)是指一定的顾客在一定的地区、一定的时间、一定的市场营销环境和一定的市场营销方案下对某种商品或服务愿意而且能够购买的数量。可见市场需求是消费者需求的总和。需求就是指一定时间内和一定价格条件下，消费者对某种商品或服务愿意而且能够购买的数量。市场需求的构成要素有两个，一是消费者愿意购买，即有购买的欲望；二是消费者能够购买，即有支付能力，两者缺一不可。

4.2.2 四川乳产业市场需求要素

1. 消费者习惯与偏好

消费者的偏好支配其在使用价值相同或相近的商品之间的消费选择。但是，人们的消费偏好不是固定不变的，而是在一系列因素的作用下慢慢变化的。

四川省，与7个省(区、市)接壤，北连青海、甘肃、陕西，东邻重庆，南接云南、贵州，西衔西藏。省内居住着汉族、藏族、羌族、彝族、回族等民族，被誉为“中国第二大藏区”和“最大的彝族聚集地”。不同地区居民有着不同的饮食习惯，对乳类消费也有不同的偏好。地理位置相近的地区往往具有相对类似的自然条件，居民生活习俗和饮食习惯也较为接近。

2014年的四川统计年鉴中关于四川城镇居民家庭平均每人全年消费支出数据显示，在2013年，四川省人均食品消费为6470元，其中肉类消费1269元、蔬菜696元、禽类338元、在外饮食1418元，而乳及乳制品为288元。

消费习惯与偏好是决定四川省乳品消费需求量的重要因素之一。牛乳是藏族群众生活中不可缺少的食品，牛乳除鲜食外，也可制成酥油、酸乳、奶渣等。除少数民族外，汉族的大多数人群并未将乳及乳制品当作日常食品来消费。在饮食习惯中，乳及乳制品一直被人们看作是只有老、弱、幼、孕等特殊人群才需要的补品，一旦过了这个时期，则很少食用乳及乳制品。因此，对于大部分健康人或成年人而言，乳品只是一种可有可无的副食品。婴幼儿时期体内乳糖酶较多，可以把乳品中的乳糖分解以利于吸收，但由于此后不再饮用乳品，体内的乳糖酶含量逐渐降低，使得大部分成人不喜欢或不习惯乳品的味道，也易出现“乳糖不耐症”，即出现腹胀、腹痛等症状。这些因素导致消费者不偏好食用乳品，制约了居民对乳类的消费。

2. 消费者的个人收入

当消费者的实际收入发生变化时，消费者对某种商品的消费需求乃至消费支出结构都会发生变化，乳品也不例外。随着收入水平的提高，居民的乳品消费呈增长趋势，人均乳品消费支出与人均可支配收入同步增长。

根据国家统计局成都调查队提供的数据显示，近年来，成都市的恩格尔系数持续下降。2012～2014年，成都城镇居民恩格尔系数分别为35.4%、35.1%、34.8%，说明居民的家庭收入和生活水平不断提高。

收入水平是影响乳品消费的主要因素。在中国社会由温饱型向小康型转变的过程中，乳品作为一种营养最完善的食品，其消费需求量随着人均收入水平的提高而增加，同时在同一时期内人均收入水平高的居民比收入水平低的居民所消费的乳品也更多。收入水平对乳品消费的影响在城乡之间和不同收入水平居民之间的乳品消费量差距上得到了充分反映。2008～2010年，四川城镇居民的人均收入一直是农村居民的3倍左右，但随着时间的推移城乡收入比逐渐缩小，自2011年农村居民收入的增幅大于城镇居民人均收入的增幅，且城镇居民的人均收入增长率逐渐降低，城乡居民的人均收入差距开始呈逐渐缩小的态势(表4-1)。

表4-1　2008～2014年四川城乡居民收入增长对比

项目		2008年	2009年	2010年	2011年	2012年	2013年	2014年
城镇	居民人均可支配收入/元	12633	13904	15461	17899	20307	22368	24381
	比上年增长率/%	13.8	10.1	11.7	15.8	13.5	10.1	9.0
农村	居民人均纯收入/元	4121.2	4462.1	5140	6128.6	7001.4	7895	8803
	比上年增长率/%	16.2	8.3	15.1	20.5	14.2	12.8	11.5
城镇/农村	收入比(农村=1)	3.07	3.12	3.01	2.92	2.90	2.83	2.77

因此，从收入水平的变化趋势看，农村居民乳品消费量在未来一段时间内会有很大的增加，城镇居民也可能进一步增加消费量。但由于农村居民的饮食习惯和生活模式还会维持一段时间，加之购买不便等因素，在短期内农村居民乳品消费增长缺乏动力，乳品消费的主要群体仍将是城镇居民。

以成都为例，四川省统计局统计数据显示，2011年成都城镇居民人均可支配收入23932元，增长14.9%，增速比上年加快了3.2%；农民人均纯收入9895元，增长20.6%，增速比上年加快了5.5%。城乡居民收入比从上年的2.54∶1缩小到2.42∶1，而2011年全国城乡居民收入比为3.13∶1。

城市居民间的乳品消费量也因收入的不同而不同，高收入阶层的乳品消费量比低阶层的消费量高。从表4-2可知，从低收入户到高收入户人均消费、食品及乳制品支出依次升高；高收入水平户人均消费支出，用于食品及乳制品的支出均最大，高收入户乳及乳制品支出是低收入户的2倍多。因此，不同收入等级的城镇居民的乳品消费差距也表明收入水平对乳品消费量有着很大的影响，而且二者之间为正相关关系。

表4-2 2013年按收入等级城镇居民家庭人均消费支出情况 单位：元

项目	低收入户	较低收入户	中间收入户	较高收入户	高收入户
平均每人全年消费支出	7548	10441	13056	16897	26196
食品	3748	4914	5796	6230	8432
乳及乳制品	170	285	276	325	435

资料表明，在243名乳品消费者调查对象中，月收入水平主要集中在1001～8000元的接近86%。其中，月收入在3001～5000元的乳制品消费者最多，占到总体的41.2%，月收入水平1000元以下的占总体的8.2%。人们收入水平的增加，既会促进现有乳品消费者增加消费，也会促使那些原来不消费乳品的人开始消费。同时，随着收入水平提高，人们的受教育程度也会提高，将使人们接受更多的营养知识，转变消费观念与习惯，从而把乳品作为一种必不可少的食品来消费。

4.2.3 乳品价格

1. 乳品价格对消费的影响

价格是影响商品市场需求的重要因素。一般来说，价格和需求的变动呈反方向变化。在其他条件不变的情况下，某一商品的价格越低，消费者对该商品的需求量越大；而商品的价格越高，消费者对该商品的需求量则越小。

乳品价格对乳品消费的影响总体上表现为一种负相关关系，且影响的大小因不同消费者群体而异。对婴幼儿、老人、患者、孕妇等必需消费群体，乳品价格对需求影响不大；对收入水平较高的消费者，因乳品消费支出只占其食品消费支出的较小比例，所以乳品价格对他们的消费量也无多大影响；但对收入水平较低的农村居民来说，乳品价格则是一个重要的影响因素。

2. 乳品企业各种促销手段反映出实际价格对乳品消费的刺激作用

2015年春节前，部分城市乳制品降价、促销仍在大规模进行，但也出现了部分品牌的部分产品出现断供的情况。各乳品企业为了增加本企业产品销量、提高市场占有率和品牌知名度，纷纷通过降低乳及乳制品的销售价格来吸引顾客购买，促销手段包括捆绑销售、降价销售、赠送礼品、抽奖返券等，使得原本竞争就异常激烈的乳品销售市场更加混乱，使整个乳产业损失巨大。

乳品“价格战”不仅使企业自身利润下降，也缩小了整个乳品加工行业的利润空间，其在整个乳业产业链上产生的连锁反应不容忽视。由于乳品零售价格无法大幅提高，许多乳品企业为了保证企业利润，或是在生产时“偷工减料”，或是压榨上游奶农的利益，使得乳产业各环节的联结十分脆弱，严重影响乳业可持续发展。不论是2008年的“三聚氰胺事件”、2013年的“奶荒”，还是2015年的“倒奶事件”，都或多或少与“价格战”有关。

此外，从乳品消费者角度看，"价格战"也未能起到企业预期的作用。一方面，日常的降价或促销一般都是周期性的，大规模促销一般出现在重大节日前后，某些种类乳品还有常年促销的现象。这样的促销方式并不能刺激消费者形成长期且固定的消费偏好，一旦促销结束，消费者的购买行为也随之结束。另一方面，乳品促销时各种品牌、大小企业会出现跟风现象，不利于培养消费者的品牌忠诚度。

对超市乳品促销期间消费者行为的调查发现，大部分消费者购买乳品最先关注的是其新鲜程度(出厂日期)，之后才是价格(降价幅度是否足够大)；还有一些消费者是受促销时赠送礼品或抽奖的吸引才购买，对乳品品质、口味、品牌等并不挑剔。

3. 可替代乳制品的商品价格

可替代乳制品即在消费中相当程度上可互相代替的商品，如豆制品。豆制品的成本低廉，并且蛋白质含量也很高，不含胆固醇。如果乳类产品价格提高显著，在一定程度上消费者就会把需求转向可以替代的商品上，从而使替代品的需求增加，被替代品的需求减少，反之亦然。四川省豆制品种类丰富，价格便宜，女性消费群体相对较多。

4.2.4 乳品品种

市场上乳制品品种繁多，常见的乳制品有液态乳、酸乳、调味乳饮料、乳粉和奶酪等。

以成都市为例，调查显示全脂乳粉和调制乳粉是调查对象在超市购买乳制品的主要品种，这与调查对象以女性消费者居多、调查对象家庭结构以3口之家居多有关。同时这两类乳粉也是当前乳制品市场的主要销售种类，此外还有液态乳和酸乳。

液态乳消费的增长将成为乳品消费的主动力。资料表明，四川省获准乳制品加工企业的产品主要为常温液态乳。液态乳中，鲜乳消费量明显高于酸乳消费量，但酸乳消费的增长速度最快；而乳粉消费在城镇居民乳品消费中所占比重呈明显下降趋势。城镇居民乳品消费以鲜乳为主，同时酸乳消费在不断增加；农村居民消费品以乳粉为主。随着收入水平的提高，城镇居民将更多地消费酸乳，而农村居民也将更多地消费更有营养的鲜乳。

4.2.5 乳品质量

以成都市为例，关于消费者对乳制品质量安全状况的满意度的调查统计结果显示，消费者对当前乳制品质量安全状况的总体满意度较差，主要集中在不满意和一般之间，占到总体的79%。

从2013年底开始，四川省食品药品监督管理局启动了为期100天的全省食品专项整治"亮剑行动"，全省各地针对与人民群众饮食消费密切相关的食品种类扩大抽检范围、增加抽检批次。此次行动，全省各地共抽取食品3918批次，其中，乳制品(婴幼儿配方乳粉)抽检154批次，合格率100%。

因为消费者重视乳品质量，所以在购买时往往都选择知名品牌，如蒙牛、伊利、光明等。全国许多地方的调查数据都表明，乳品质量是影响中国乳品消费的一个重要因素。哈尔滨工业大学对哈尔滨及郑州市的消费调查显示两市各有32%和38%的受访者对乳品的质量不放心，认为存在变质与过期等问题；北京市的调查则显示在不消费乳品的总人数中，有5%的人是因为乳品质量问题而不愿意消费；对山东、吉林等六省市城乡居民畜产品消费情况的调查表明，有37.5%的居民认为如果乳品质量提高，他们会增加购买量。

4.2.6 购买的便利性

购买的便利性对乳品消费也有影响。从各种大小商店、超市、乳品销售点到街边小摊都有冷链设备，所以广大居民可以随时随地从这些地方购买到鲜乳、酸乳和冰淇淋等产品，不仅如此，国内的乳品大企业如三元、光明、伊利等公司还为居民提供网上订奶、电话订奶和送奶服务，居民足不出户就可以喝到所需的乳品。

但对于广大农村地区的居民而言，因没有十分完善的冷链系统，购买各种需冷藏的乳品如鲜乳、酸乳等就没那么便利。这种购买便利性的不同对乳品消费的影响，在省会城市与地级市、县级市居民的乳品消费量上得到了一定的反映。这种消费量上的差距，除了收入影响外，购买便利性的不同也是一个重要因素。

城乡居民消费的影响因素分值统计结果见表 4-3。从表 4-3 可知，与城镇地区相比农村地区购物环境较差、交通不便、用水用电不便。

表 4-3 城乡居民消费的影响因素分值统计表

因素	城镇	农村
购物环境差	1.0679	3.4017
交通不便利	1.0378	2.1725
用水用电不便	1.0020	1.4956

注：采用五分量表，5 表示影响最大，4 表示较大，3 表示一般，2 表示较小，1 表示无影响。

4.2.7 政策

国家发展和改革委员会、工业和信息化部 2011 年 12 月发布的《食品工业“十二五”发展规划》提出，“十二五”期间，我国要加快乳制品工业结构调整，优化产品结构，逐步改变以液体乳为主的单一产品类型局面，鼓励发展适合不同消费者需求的特色、高质量、功能性乳制品，改变重复建设的严重局面。

四川省关于贯彻落实乳制品工业产业政策实施方案中指示，坚持引进和自主研发相结合的原则，鼓励创新，开发具有自主知识产权的先进适用技术。加大乳制品精深加工科技创新投入，积极推进以企业为主体，科研院所为支撑，市场为导向，产品为核心，产学研结合的乳业技术创新体系建设。组织开展乳制品精深加工共性关键技术研究、集成与产业化示范，大力培养乳业科技创新型人才，改变四川乳制品产品结构单一的面貌。以优质特色原料鲜乳，大力开发质量安全、营养丰富、适销对路的差异性乳制品，扩大自有品牌的市场占有率，打造四川乳品品牌。2014 年 11 月 25 日，四川省政府网站发布《四川省人民政府办公厅关于进一步加强食品药品监管体系建设有关事项的通知》，四川省将推动以乳制品等高风险食品，猪肉、大米、食用油等大宗食品为重点的安全追溯体系建设，实现食品来源可追溯、去向可查证、责任可追究。

相关政策的出台与实施，对于提高乳类企业生产更加优质的乳制品有重大的约束作用和指导作用，同时也为消费者消费乳制品提供了信任和心理慰藉。认真贯彻落实国家乳制品工业产业政策及我省制定的相关乳制品安全政策法规，以科学发展观统领乳制品工业发展，以确保食物安全为基础，以建设质量安全、竞争有序、增长持续、环保节约的现代乳制品工业为目标，以全面加强质量管理为核心，以规范发展奶源基地为重点，优化加工布局和产品结构，提升四川乳制品工业的总体规模和水平，促进乳制品工业健康、稳定、有序发展。

4.2.8　市场条件

四川乳产业存在发展环境有待提高，质量安全管理体系不完善，奶牛饲养规模化、集约化水平较低，产业化程度不高等问题，合理解决这些问题对于增长四川省的乳类消费意义重大。

营养知识和保健意识对居民的乳品消费有较大的影响。乳品对改善居民的营养、平衡膳食结构、补钙和增强体质均有重要作用。由于人们保健意识不强，往往花大量的钱去购买价格昂贵的补钙药品或消费烟酒，不去饮用健康、低廉的乳制品。然而随着人们生活水平的提高及乳制品推广宣传的影响，人们对乳及乳制品在膳食中的营养作用认识逐步增强。现在一些地方的乳业协会、乳品企业、有关专家学者都会通过各种形式、各类媒体，大力宣传乳及乳制品的营养知识，普及科学饮奶知识，如成都、南京、广州等。

随着零售网络终端的逐步增多与完善，如大型商业超市、食品店、小型零售店等，城镇居民购买乳品越来越方便，在一定程度上促进了乳品的消费。随着城市建设的完善，新兴的超市不断建立，分布的密度越来越大。同时奶站加强配送服务，方便了乳品的购买，再者乳品进入餐饮市场，从而扩大了消费者对乳品的消费。成都市的调查数据显示，有 83.7%的消费者在超市购买乳制品，说明超市仍是城镇居民购买乳品的主要渠道。在农村，随着企业加深对开辟农村市场的认识，完善乳品配送渠道，农村居民对乳品的消费将会显著增长。

4.2.9　城市化率

城市化过程是经济发展的必然结果。改革开放以来，我国城市化步伐逐步加快。根据四川国民经济和社会发展统计公报数据显示，四川省城镇化率呈逐年增加趋势，且 2014 年城镇化率比 2008 年增加了 8.9%。城市化率的提高是推动乳品消费增长的因素之一，主要原因如下：

(1)城市化会使城镇人口总量增长，从而增加乳品消费人群。研究发现，城镇地区人均乳品消费增长与全国消费水平增长的相关程度非常高，可以判断，城镇消费一直是我国乳品消费的主体，在很大程度上左右着总体乳品消费的格局。随着经济发展和城市化水平的提高，城镇居民人口的比例将进一步加大，城镇居民乳品消费增长仍将是今后乳业发展的拉动力。

(2)城市化会使新转入城镇的农村居民的饮食习惯和膳食结构发生转变，从而增加乳品的消费。由于城市居民在消费乳类产品时，相对于农村市场具有更好的市场环境，因此城镇居民乳品消费的整体水平仍高于农村居民。随着城市化进程的推进，更多的农村居民转变为城市居民，城市居民数量的增多会增加乳品的消费。

4.3　四川乳产业 SWOT 分析

4.3.1　SWOT 分析法

SWOT(strengths weakness opportunity threats)分析法，又称为态势分析法或优劣势分析法，用来确定企业自身的竞争优势(strength)、竞争劣势(weakness)、机会(opportunity)和威胁(threat)，从而将公司的战略与公司的内部资源、外部环境有机地结合起来。这种研究方法，最早是由美国旧金山大学的管理学教授韦里克于 20 世纪 80 年代初提出的。

从整体上看，SWOT 可以分为两部分：第一部分为 SW，主要用来分析内部条件；第二部分为 OT，主要用来分析外部条件。利用这种方法可以从中找出对自己有利的、值得发扬的部分，以及对自己不利的、要避开的内容，发现存在的问题，找出解决办法，并明确以后的发展方向。

4.3.2 SWOT 分析内容

进行 SWOT 分析时，主要有以下三个方面的内容：①分析环境因素，即运用各种调查研究方法，分析出公司所处的各种环境因素。②构造 SWOT 矩阵，将调查得出的各种因素根据轻重缓急或影响程度进行排序，构造 SWOT 矩阵。③制定行动计划，在完成环境因素分析和 SWOT 矩阵的构造后，便可以制定出相应的行动计划。

4.3.3 四川乳产业 SWOT 分析

在过去的十年，乳业市场是由三鹿、伊利和蒙牛形成的三足鼎立态势。然而在“三聚氰胺”事件后，三鹿的轰然倒地和蒙牛的是非不断，消费者对于乳品安全的信任大打折扣，而多美滋“结石门”事件也让不少消费者对洋品牌有所畏惧。

随着“三聚氰胺”事件的远离，乳制品行业逐渐呈现回升势头，然而，由“三聚氰胺”事件引起的乳制品行业竞争局面的大规模变动和消费者对乳制品的概念转变，已影响了整个乳制品市场近期以及未来的发展趋势。2009 年，第一季度全国规模以上乳品企业工业总产值同比增长 5.53%；第二季度总产值同比增长 5.82%，其中 5 月份的增长率达到了 6.59%；第三季度总产值同比增长 8.1%。我国乳业正在从危机中走出，生产、市场正逐步得到恢复，结束了整个行业负增长的局面，实现了正增长。这让乳业市场又重新振作起来。

四川省乳类产业及市场经历了我国整个乳业大环境的历练，要想立足市场、扩大创新，需要政府部门及乳制品加工企业合理分析乳类发展路子，汲取经验。四川乳类产业 SWOT 分析见表 4-4，其中一部分内容以四川省乳业巨头新希望作为典范分析。

1. 优势分析

随着人们对乳制品需求的提高，乳制品产量大幅增长，四川省绝大部分市州的乳制品产量增长较快。乳制品制造业及各子行业产品销售收入均大幅提高。

1)四川人自己的乳业，熟悉市场特点，销售渠道便利

新希望、菊乐等企业作为成都市本地的乳制品加工企业，拥有悠久的历史，有着许多成都市乃至四川省坚实的消费群体，且销售渠道宽广、便利。同时，由于是区域性品牌，并且拥有自己的牧场，新希望、菊乐等公司生产成本较低，相对销售价格会略低于其他品牌。此外，四川牦牛资源丰富，营养极高，开发价值巨大。

2)良好的企业形象

以新希望为例，新希望有自己的奶牛研究所，可以开展饲料成分检测和 DHI 检测等，有效保证了饲料和牛乳的质量安全，构筑起第一道牢固的“防火墙”。在消费者信心受到重挫的关键时刻，中国乳业市场需要确立一种新的正确的消费观念，新希望乳业让三聚氰胺远离了自己，在乳业，甚至食品行业树立了新希望乳业的健康、光辉形象。

3)强大的资金支持

以新希望为例，新希望乳业是新希望集团旗下的集团化乳品企业，新希望集团有农牧与食品、化工与资源、地产与基础设施、金融与投资四大产业集群，集团从创业初期的单一饲料产

业，逐步向上、下游延伸，成为集农、工、贸、科一体化发展的大型农牧业民营集团企业。截至 2013 年，新希望乳业控股有限公司注册资本 4.8 亿元，总资产 20.25 亿元，使得新希望乳业的资金供应不成问题。

表 4-4　四川乳产业 SWOT 分析

内部能力 / 外部因素	优势	劣势
	①四川人自己的乳业，熟悉市场特点，销售渠道便利 ②四川牦牛资源丰富 ③良好的企业形象(新希望) ④强大的资金支持(新希望)	①品种单一、质量不高 ②品牌效应差，营销力度相对较小，营运能力不足 ③奶源质量保障差，牧场规模偏小 ④养殖水平低、牧草供应不足 ⑤企业与奶农关系不协调 ⑥质量保证体系不健全 ⑦乳业发展缺乏总体规划和布局、加工能力过剩、市场竞争无序
机会	SO 战略(增长型战略)	WO 战略(弥补型战略)
①乳制品具有良好的发展前景，市场需求空间大 ②行业进入壁垒提高 ③政府鼓励乳业发展 ④国内乳业巨头入川一定程度上带动了四川畜牧业 ⑤双赢格局值得期待 ⑥产业调整促进省内乳制品市场整体营销、加工水平等的综合提升，消费者和奶农从中受益 ⑦“三聚氰胺”事件给四川省品牌带来的契机	①扩大公司规模，获得更大市场占有率 ②提高原奶品质 ③发挥渠道优势，开发细分市场，实行差异化战略 ④加大营销力度，扩大市场规模	①进行全面质量管理，提高产品品质 ②树立品牌形象，加大营销投入，提升经营能力 ③加大新产品研发力度，大力开发奶水牛、奶肉兼用牛、奶用杂交牛养殖，以优质特色原料鲜乳，开发生产差异性乳制品，满足差别化市场需求 ④扩大奶源基地建设及牧场规模，科学养殖 ⑤广度差异性战略，适度控制成本 ⑥产业合理规划，健全市场保障体系，合理处理与奶农的关系
威胁	ST 战略(拓展型战略)	WT 战略(防御型战略)
①外来竞争者的强大“气压”，市场份额有限 ②乳品业的竞争不断升级，低价竞争成了主要形式，企业竞相压价销售 ③消费者对外资品牌的信任 ④替代性产品的威胁 ⑤重复建设导致产能过剩 ⑥宏观经济导致成本压力增大 ⑦供应商，用户议价力越来越强 ⑧高端设备国产化程度低	①进行相关多元化发展，充分利用现有资源，提高企业盈利能力 ②广度差异性战略，增加产品价值 ③建立供应链系统，降低成本 ④采取市场渗透定价策略，通过较低的市场零售价，迅速扩大销量来获取规模化生产和规模化销售的规模利润	①与国内或国外乳业巨头建立战略合作，优化奶源、养殖、生产模式，提高产品质量和品牌信任度 ②实行成本领导战略，提升利润空间，应对价格竞争

2. 劣势分析

四川省乳业在快速发展过程中出现的产业布局不合理、加工能力过剩、养殖水平低、企业与奶农关系不协调、原料乳供应不稳定、市场竞争无序、质量保证体系不健全、品种单一、质量不高、品牌效应差等诸多问题，成为制约四川省乳业健康可持续发展的阻碍。事实上，四川本土企业缺乏政府强有力的支持，在用地、税收等方面享受的待遇甚至还不如外来企业。

1)奶源质量保障差，牧场规模偏小

奶源基地建设缓慢、奶源质量保障性差；自有牧场规模偏小，可控优质奶源不足。

2)养殖水平低，牧草供应不足

规范化、科学化、规模化养殖饲养水平不高；粪污治理措施不完善；优质饲草供应不足，奶牛单产水平较低。

3)乳类产品品种相对单一，整体品质不高

品种相对单一，乳品加工企业之间产品趋同，靠打价格战争取市场；新产品开发不够，整体品质低于其他一线品牌，且产品质量低。

4)品牌效应低，营销力度相对较小

四川本土的菊乐、华西等品牌的加工技术和蒙牛、伊利并无太大区别，但缺乏像伊利、蒙牛等企业那样的品牌意识和营销手段，品牌名声仅限于四川，随着蒙牛、伊利和光明等知名品牌的进驻，市场被外来乳业品牌大大瓜分。

5)乳制品质量保障体系不健全，可溯源体系建设滞后

四川省乳品行业中大部分企业还没有建立起基于物联网技术的信息化、数字化、智能化乳制品质量可追溯体系，乳制品质量安全保障还有漏洞。

6)乳业发展缺乏总体规划和布局

乳品加工企业盲目发展，重复建设严重，产能过剩，导致恶性竞争。

7)乳业发展的利益分配机制不健全

乳品加工企业与奶农的利益关系不顺，没有建立起风险共担、利益合理分配的产业链。

3. 机会分析

乳制品具有良好的发展前景，市场需求空间大，行业进入壁垒提高。国内乳业巨头如蒙牛、光明等的入川一定程度上带动了四川畜牧业，双赢格局值得期待。再者，产业结构调整促进省内乳制品市场整体营销、加工水平等的综合提升，消费者和奶农从中受益。此外，政府鼓励乳业发展。这些都促进了四川省乳产业的发展。

1)市场呈现回升趋势，市场潜力巨大

我国的年人均乳品占有量仅为乳制品市场尚属发育期的亚洲年人均乳品占有量的1/6，不到世界年人均乳品占有量的1/12。因此，国内外专家都认为，我国乳制品市场在未来将是世界上潜力最大的消费市场。据调查数据显示，随着“三聚氰胺”事件的远去，四川乳制品市场的需求开始回升。四川省乳业协会在预测未来几年国内及省内乳制品市场走势时指出，相对于原料乳供应，省内加工业产能已经过剩，但相对于快速扩张的产能，省内消费市场弹性仍然很大。

2)“三聚氰胺”事件给四川省乳类品牌带来的契机

“三鹿事件”后，新希望、菊乐等在乳业方面的“圈地运动”加快了步伐。因为从“三鹿事件”发生至今，虽然一线品牌疲于处理各种危机，但对新希望、菊乐这样的品牌来说，无疑已经看到了行业品牌重新整合的契机。

3)奶牛产业是一项带动力强、市场空间大、经济效益高的朝阳产业

在伊利项目落户的邛崃，正采用“千头标准养殖场＋百头养殖小区”的发展模式，在充分利用资源，促进农村剩余劳动力转移、带动农业结构调整和农民增收等方面，效果可观。因此，外

来乳企将在一定程度上给四川省畜牧业带来发展机遇。

4. 威胁分析

市场化配置资源带来省内乳品企业百花齐放的局面，消费者可以相当自由地选择自己满意的品牌产品。但是，完全的市场配置资源可能导致大量重复建设和过度竞争。数据显示，在最近几年乳制品加工厂商飞速扩张的情况下，目前省内的鲜乳日加工处理能力超过原料乳日供应能力的 3 倍以上。四川省乳业曾经出现过的恶性竞争问题：①重复建设导致产能过剩，企业竞相压价销售；②由于鲜乳保存困难，散、小特点突出，养殖户难以和财大气粗的乳制品厂商抗衡，降价的成本又大多被转嫁到农民头上。目前，四川省乳品市场面临的问题有：

1)外来竞争者的强大“气压”，市场份额有限

蒙牛、伊利、光明等国内知名品牌近年纷纷抢占四川市场，四川省乳制品市场竞争加剧，不但要比安全比质量，更要比品质比品种。本地乳品相对单一的品种和相对弱势的品质都让国内知名品牌占据了极大的优势。大规模的市场份额保证了整个市场对企业大量产品的消化能力，为企业提供源源不断的动力。来自四川省乳业协会的数据显示，2000 年省外品牌在四川乳制品市场上所占份额不过 30%，10 年后这一比例已悄然超过 50%，两家最大的本土品牌华西和菊乐，目前占有的市场份额总量在 20%左右。

由于受到金融风暴的影响，国外乳企纷纷投资转向中国或者并购中国二线品牌，再加上国内乳制品知名品牌质量问题频频出现，国产乳品面临严重的消费信任危机，让国内部分消费者对国内乳制品失去信心。中国乳品工业协会的数据显示，目前在一二线城市洋乳粉品牌占有率高达 85%。

2015 年，国内乳业的“高投入、高产出”产业发展模式将受到更大冲击。近年来，国内乳品市场的增长主要是高端品牌的增长，乳品企业之间的竞争主要是高端市场的竞争。到目前为止，乳品企业采取的高端品牌市场营销策略是成功的。然而，进口常温乳，甚至是低温乳正在不断地进入国内市场。国内乳品企业培育出来的高端市场可能会被洋品牌蚕食，“高投入、高产出”的产业发展模式可能在市场竞争中丧失比较优势。

2)乳品业的竞争不断升级，低价竞争成了主要形式

伊利、蒙牛、完达山、维维等国内乳业巨头已悉数入川建厂，加上本土的华西、菊乐、阳坪、雪宝几大品牌，拥有 9 千多万人口的四川已成为国内最开放的乳业市场，更成为乳业竞争最激烈的区域之一。

2011～2012 年成都市乳品价格监测明细见表 4-5。从表 4-5 可知，蒙牛纯牛乳价格逐渐降低，菊乐、华西纯牛乳价格相对较低。在消费品市场为买方市场的大环境下，乳品企业的激烈竞争导致奶价呈现不断下降趋势，乳品的利润空间逐渐缩小，成都菊乐等地方品牌凭借其价格和销售渠道优势与全国品牌相抗衡。

表 4-5　2011～2012 年成都市乳品价格监测明细表　单位：元

品牌	2011 年 8 月	2011 年 9 月	2011 年 10 月	2011 年 11 月	2011 年 12 月	2012 年 1 月	全国平均
蒙牛纯牛乳	2.00	2.90	2.80	2.40	2.40	1.90	2.40
伊利纯牛乳	2.60	2.60	2.60	2.40	2.70	2.70	2.60
新希望纯牛乳	—	2.10	—	2.70	2.70	2.70	2.55

续表

品牌	2011年8月	2011年9月	2011年10月	2011年11月	2011年12月	2012年1月	全国平均
光明纯牛乳	2.00	—	3.00	2.10	2.00	2.50	2.32
华西纯牛乳	2.70	2.00	—	—	2.20	—	2.30
菊乐纯牛乳	2.20	—	2.30	2.40	2.30	2.30	2.30

3)替代性产品的威胁

在中国人的饮食习惯中，豆制品是我国的传统食品。目前，就替代品而言，对乳制品构成威胁的就是豆制品。

相较于乳制品，豆制品的成本很低廉，并且蛋白质含量也很高，所包含的人体必需氨基酸与乳制品相似，不含胆固醇，很适合高血脂、高血压、动脉硬化以及冠心病等患者食用。而对于健康群体而言，豆制品是平衡膳食的重要组成部分。

在乳品行业，受到接二连三乳品安全事件的冲击，消费者仍心有余悸，对乳品消费的信心仍没有完全恢复。并且乳品新国标的发布引发了整个社会对乳品行业的抨击，消费者的购买心态也受到影响。

据调查，在过去四年里，豆乳在全国的销售额约翻了两番。随着豆乳新品的不断推出，豆乳的口感与营养价值都在不断提高，加上豆制品成本低廉，作为乳制品替代品的豆乳，未来市场潜力巨大。

4.4 四川乳产业目标分析

乳业是现代农业的重要组成部分。促进乳类产业持续健康发展，是优化农业结构、增加农民收入、改善居民膳食结构、增强国民体质的需要。为切实保障乳类产业持续健康发展，根据《国务院关于促进奶业持续健康发展的意见》、《乳品质量安全监督管理条例》和《奶业整顿和振兴规划纲要》，要明确当前四川乳产业的目标及今后的发展走向。

将四川省原有的乳制品品牌进行整合，针对不同的目标群体有不同的产品与之匹配，做到产品、产品形象、产品包装、产品诉求点与市场需求一致，且以家庭消费为主，渗透到社会各阶层。在市场细分以后，定位目标：价廉物美的本地奶，以价格优势，本土化特点获取四川乃至全国市场份额，做大做强四川乳业。

4.4.1 向移动互联网转型

在互联网时代，传统产业究竟该如何插上互联网的双翼，这是不少传统企业的困域。作为闻名全国的成都民营企业巨头，以传统产业为主体的新希望集团向移动互联网转型，引发了社会各界关注。传统产业必须跟互联网连接，必须走一条新的经济发展道路，在坚持做优质产品的同时，利用互联网优势进行革新。

通过互联网销售大大缩短时间和空间，且隐蔽性强，绕开了中间的零售商，由公司直接卖出商品，可以大大减少中间费用，价格优势更为明显。向移动互联网转型的终极目标：让四川乳业品牌走向全国，利用网络平台，大力推广品牌知名度。

4.4.2　逐步壮大乳制品工业规模，提升品牌的知名度，增加销量，提升利润

(1)近期目标：提升品牌的知名度。应抓住成都及其周边区域市场发展壮大自己的品牌，以价格优势获取市场份额。针对不同市场(学生市场、家庭市场)提高乳产品的知名度。

(2)长期目标：增加销量，提升利润。通过知名度的提升，以及一系列的营销方式，增加产品的销量，从而增加利润。严禁实行低价恶性竞争，防止减少利润空间从而影响产品质量。

4.4.3　加工产能与奶源供应、市场需求相适应

根据市场需求、资源环境、消费习惯和现有产业基础等因素，建立生产、加工、销售协调发展的产业格局。

1. 优化乳制品产品结构

逐步改变以液态乳为主的产品单一局面，大力发展干酪、发酵乳等适合不同消费需求的产品。积极发展高品质、市场需求量大的精深加工乳制品，如脱脂乳粉、乳蛋白、乳糖等。

2. 奶源生产和乳制品加工衔接更加合理

按照《乳制品工业产业政策》要求，合理配置乳制品企业奶源基地和加工产能。合理布局加工企业，淘汰落后产能，全面提升乳制品质量，不断提高乳制品企业自主创新能力，基本实现奶源基地建设与乳制品工业协调发展。

3. 发展奶源生产基地

先奶源再市场的后发模式，通过“公司＋牧场”的前向一体化方式整合价值链，不但能够凸显奶源环节的优势，有利于中国乳品产业的健康发展，而且是被国际实践证实的乳品产业发展的有效途径。

以奶牛养殖大县为依托，带动奶源基地发展，构建稳定的奶源生产集群。加强标准化规模养殖场(小区)建设和优质饲草料基地建设，加快推进奶源基地生产方式转变。发展奶农专业合作社，提高奶农组织化程度和生产经营能力，推动龙头企业建设自有奶源基地和学生饮用奶奶源基地。

1)增强奶牛养殖大县综合生产能力

以奶牛养殖大县为依托，发展标准化规模养殖，规范投入品使用，增强防疫服务能力，加强环境保护，从源头上保证生鲜乳质量安全。

2)发展奶牛标准化规模养殖场(小区)

对现有养殖场(小区)进行标准化改造和新建标准化规模养殖场(小区)和牧场，开展相应的技术规范培训，逐步改善奶牛养殖、防疫、挤奶、粪污处理等条件。加强养殖场和养殖小区圈舍、水、电、路等基础设施建设，粪污处理、疫病防控、饲草料贮存(或青贮)等配套设施建设及全混合日粮(TMR)饲养、挤奶、良种繁育、生鲜乳质量检测等设备配置，推进规模化奶牛养殖场良好农业规范(GAP)认证，提高标准化生产水平。

3)建立优质饲草料生产基地

建立奶牛青绿饲料生产基地，示范推广全株玉米青贮，鼓励发展专业性青贮生产经营企业和

大户，为奶牛养殖提供充足的青绿饲料资源。充分利用中低产地、退耕地、秋冬闲地等土地资源，大力发展苜蓿等高产优质牧草种植，在有条件的地区发展人工饲草地。

4)发展奶农专业合作社

积极安排资金，扶持奶农专业合作社发展，发挥其为奶农提供服务和维护奶农利益等方面的作用。继续推进科技入户，开展实用技术培训，提高奶农素质。

4.4.4 完善乳品质量安全监管体系，提高乳品质量安全水平

2010年农业部等部委联合印发的《全国奶业发展规划(2009～2013年)》中提到，继续推进生鲜乳收购站清理整顿，规范生鲜乳收购站建设，改善基础设施条件，推行标准化、规范化经营；完善乳品质量安全标准体系，建立健全检验检测和监管体系，提高执法能力，严厉打击违禁添加行为，保障乳品质量安全。

通过开展乳制品行业规范和整顿，督促企业认真履行社会责任和加强产品质量管理，严格规范生产秩序，确保四川省乳制品生产企业原辅料和乳制品质量安全指标达到100%合格。

1. 建设标准化生鲜乳收购站

支持乳制品企业、奶农专业合作社、奶牛养殖场对个体和流动生鲜乳收购站点进行改造、合并或重组，加大生鲜乳收购站挤奶设备、专用生鲜乳运输车等设施设备的更新改造力度。推进生鲜乳收购站标准化管理，配备必要的检验检测仪器和监控设备。

2. 完善生鲜乳质量监测体系

建立国家生鲜乳质量安全中心，健全由国家、区域、省和县四级检测机构组成的检验检测体系，提高检测能力。实施生鲜乳质量安全监测计划，开展质量安全监测和风险评估，严厉打击生鲜乳收购环节添加违禁物的行为。建立全国生鲜乳收购站监督管理信息系统，初步建立生鲜乳第三方检测制度。

3. 提高乳制品企业质量安全管理水平

乳制品加工企业根据原料检测、生产过程动态检测、产品出厂检测的需要，配置在线检测、快速检测及其他先进检验设备。生鲜乳生产符合《生鲜乳生产技术规程(试行)》，对乳制品生产实施全程标准化管理和质量控制，实行《乳制品企业良好生产规范(GB 12693)》，婴幼儿乳粉生产企业实施危害分析与关键控制点(HACCP)(GB/T 27342)管理，使乳制品质量安全保障机制更加健全，产品质量全部符合法律法规及相关标准的要求。

4. 完善乳制品质量安全监管制度

建立和完善乳制品检验制度、产品质量可追溯及责任追究制度、问题产品召回和退市制度、食品质量安全申诉投诉处理制度。加强乳品质量安全风险评估，完善国家乳品质量安全标准体系，加强乳制品工业企业诚信体系建设，全面清理乳制品添加剂和非法添加物，严厉打击乳制品加工中添加违禁物的行为。

4.4.5 乳制品加工、流通条件进一步优化

全面落实乳制品工业产业政策，严格行业准入，提升装备水平，加强冷链体系建设，培育一批骨干企业，形成资源配置合理、技术水平先进、产品结构优化、市场应对得力的现代乳制品加工与流通产业体系。

1. 有序发展乳制品工业

乳制品工业新建和改扩建项目，必须符合《乳制品工业产业政策》中规定的行业准入条件，项目建设按国家有关规定履行手续，防止盲目投资和重复建设。已建加工项目(企业)未达到《乳制品工业产业政策》要求的应限期整改。鼓励企业通过兼并、重组等方式整合资源，形成以市场为导向的合理经营规模，加快淘汰落后产能。

2. 提升技术与装备水平

推进乳品加工设备国产化，重点研发低温喷雾干燥、膜过滤、灭菌及无菌灌装成套设备等关键设备。发展和应用膜分离技术、生物技术、冷杀菌技术、直投发酵剂技术等高新技术，以及纸塑复合无菌包装、多层共挤高阻隔性复合材料、可持续性绿色包装等材料。

3. 改善乳制品冷链流通条件

加强大中型乳制品企业、专业化物流企业的低温设施建设，建设原料乳收购、加工及乳制品储藏、运输、销售等全部环节实行低温控制的冷链物流体系。建立健全乳制品标准化冷链管理制度。

4.4.6 提振消费信心，壮大乳品消费群体

加强正面报道，加大宣传力度，主动引导舆论，为乳业发展营造良好的舆论环境。及时、主动、客观公布加强乳品质量安全监管的政策措施和乳品质量安全状况，科学回应社会关切，提振消费信心。继续推行“学生饮用奶计划”，加大推广力度，完善管理体制和运行机制，扩大学生饮用奶覆盖范围。积极开拓城市和农村乳类消费市场，普及乳制品知识，倡导乳品科学消费，依托企业购销网点和“万村千乡”等工程，加大乳制品采购力度，做好配送工作，最终使城镇居民人均乳品消费不断提高，农村居民人均乳品消费大幅度增长。

4.4.7 建设人才团队，加强人力资本的储备

在企业中，人力资本属于最高级的资源，企业能否将人力资本的作用发挥到极致将决定其竞争力的强弱。通过建设良好的科研环境和人才培养机制，引进技术人员，培养科技创新创业领军人才和科研人员，对员工进行相关技术培训，培养乳类产品加工创新人才。

4.4.8 平台建设

通过现有的基础设施条件、技术研究成果和科技人员力量，在政策的鼓励扶持下建设四川省良种奶牛育种管理平台、四川省奶牛疫病诊断监测中心、乳与乳制品安全检测中心。

第 5 章　四川省乳类产业发展技术路线分析

【本章摘要】基于调研材料，本章针对四川省乳类产业发展技术研究与应用技术进行分析；同时，对四川省乳类产业发展产业技术创新进行分析；在此基础上，对四川省乳类产业发展技术研发与应用项目及技术风险进行分析，并开展四川省乳类产业发展技术路线分析。

5.1　四川省乳类产业发展技术研究与应用技术分析

5.1.1　四川省乳类产业链基本流程

四川省乳类产业链基本流程图见图 5-1。乳类产业链基本流程可划分为三段：①上游，乳类产业链的源头，主要包括草业种植业、饲料业、畜牧养殖业；②中游，乳制品加工制造业及与之相关的机械设备制造业、乳品包装业、乳品物流业等，是乳类产业链发展的核心与关键；③下游，多元化的乳品消费市场，是整个产业链的航行导向，也是乳类产业链发展的根本目标。上、中、下游虽有各自的特点，但因价值利益关系统一于乳类产业链，是不可分割的整体。

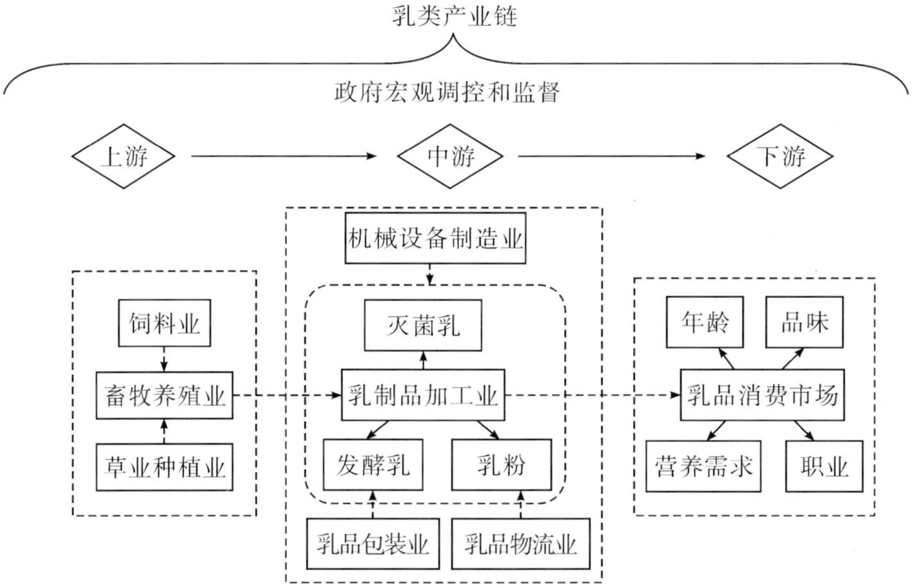

图 5-1　四川省乳类产业链基本流程

5.1.2　四川省乳类产业链技术分析

乳类产业链横跨第一、第二、第三产业，其内部基本产业流间的作用复杂多变。针对四川省乳业基本概况和乳类产业链的特征，按每个部分在产业链中的位置，将整个产业流分解为上、中、下游三个阶段分别进行分析。

1. 乳类产业链上游技术分析——奶源技术

2006～2013 年，四川省乳类总产量见图 5-2。

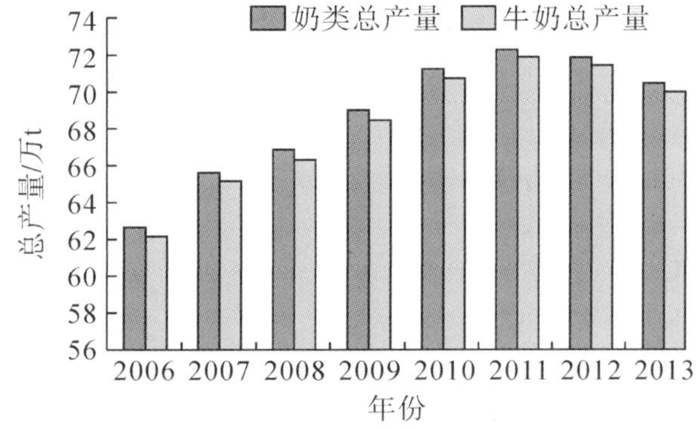

图 5-2　四川省乳类总产量

四川省是我国重要的畜牧业生产基地，乳类是近年来发展较快的一个特色产业。由图 5-2 可以看出，从 2006～2011 年，乳类总产量持续在增加，2012 年和 2013 年乳类总产量均略低于 2011 年。其中牛乳是主要的奶源，占乳类总量的 99%以上，少部分是水牛乳和羊乳。奶源是乳类产业链的关键环节，关系到产业链的存亡。

近年来，四川省各级政府十分重视乳业发展，通过制定优惠政策、加大投入、鼓励奶牛养殖、引进乳制品加工企业等措施，有力地促进了四川省乳业的迅速发展，全省奶牛数量成倍增长，牛乳产量大幅增加。同时四川省乳业的发展也表现出了畜牧业固有的周期性，受制于消费增长的放缓，增长速度近年明显变慢，与国内发达省份和国际乳业基本水平相比，科学技术仍然是制约四川省奶源发展的重要因素。

1)饲料生产技术

分析和解决饲料技术问题是提高奶源质量和产量的关键环节。目前，奶牛在养殖过程中使用的饲料技术主要分为物理、化学、生物学及工程菌处理技术。

(1)物理处理技术。

①机械处理技术。机械处理技术是指把农作物秸秆、牧草等切碎、粉碎、揉搓或压块等，通过改变秸秆、牧草的物理性状来提高牲畜对饲料的采食量，进而提高饲料的利用率。

②软化技术。常用的饲料软化技术有浸湿软化和蒸煮软化两种，软化后可以使饲料的适口性得到改善，但不能提高其营养价值。

③热喷处理技术。该技术是一种热力效应和机械效应相结合的物理方法，其工作原理是：在水蒸气的高温高压下，使饲料中的木质素熔化，纤维素分子断裂、降解，当饲料排入大气时突然卸压，产生喷爆，进一步使纤维素疏松，从而改变饲料中粗纤维的整合结构，质地变得柔软，营养价值和利用率大大提高。

④颗粒化处理技术。颗料化处理技术是将饲料经粉碎揉搓之后，根据用途设计配方，并与其他农副产品及饲料添加剂搭配，再经饲料颗粒机加工成颗粒饲料。颗粒饲料的特点是很容易将维生素、非蛋白氮、矿物质和添加剂等成分强化进饲料中，提高营养物质的含量，使饲料达到各种

营养成分和元素平衡，改善适口性，从而提高牲畜的采食量和生产性能。

(2)化学处理技术。

①氨化饲料技术。氨化处理法有窖(池)法、堆垛法和氨化炉法。窖(池)法和堆垛法比较简单，但缺点也比较明显，不具有大规模生产的意义，相比之下氨化炉法更具有发展优势。

②氧化处理技术。氧化处理技术主要包括二氧化硫处理法、碱性过氧化氢处理法和臭氧处理法。氧化处理技术可使纤维素间的空隙度增加，纤维素酶与纤维素接触面积增大，从而使饲料的消化率提高。

③酸碱处理技术。饲料的酸处理包括利用硫酸、盐酸、磷酸、甲酸等处理，酸能破坏秸秆纤维素的结构，提高消化率。碱处理是用氢氧化钠溶液或石灰水将切短的饲料浸泡其中，一定时间后用酸除去余碱就可以饲喂，也有将石灰粉喷洒在切短的含水分在30%～40%的饲料上，破坏饲料上的蜡质和纤维素的结构，提高家畜的消化利用率。

(3)生物学处理技术。

①自然发酵处理技术。自然发酵是利用饲料本身所携带的微生物进行发酵，并生产出有一定营养价值的生物饲料，这在一定程度上提高了饲料的适口性和营养价值。青贮饲料技术，就是把新鲜的青饲料，如青贮玉米秸秆等切碎后，填入和压紧在青贮窖中密封后，经青贮原料上所附着的微生物发酵作用而调制成的一种多汁、耐贮藏、可供家畜全年使用的饲料。青贮技术目前在我国已经大规模推广，在畜牧业生产中起到了不可替代的作用。

②微贮技术。饲料的微贮就是在农作物、饲草等粉碎后加入适宜的微生物高效活性菌种，如秸秆发酵干活菌，然后放入密封的窖中贮藏发酵，经过一定的发酵过程所形成的一种生物饲料。其特点是消化率高，适口性强，营养价值得到了一定程度的改善。

(4)工程菌秸秆处理技术。

1945年，在天然纤维素中发现了降解纤维素酶，不久在认识到反刍家畜瘤胃微生物分解纤维素的机理后，人们就开始关注瘤胃微生物较强的降解纤维素的能力。迄今为止，生物饲料技术在瘤胃仿生学的指导下，人类已能利用特殊的工程菌，如在霉菌、担子菌、细菌及相关的物理化学因素的综合作用下，将农作物、饲草等中所含的纤维素降解为动物易消化吸收、营养丰富的优质饲料，从而产生了人工瘤胃发酵剂。该技术提高了饲料的消化率，起到了饲料机械和物理化学方法所起不到的深度生化作用，但也应意识到，如果菌种选择不当则会造成瘤胃微生物菌群紊乱。

2)饲料生产技术存在的问题

饲料生产技术已从最初的物理处理，发展到化学处理和生物处理，进而发展到工程菌发酵技术，充分说明饲料生产技术一直在随畜牧业的发展而进步。但目前四川省饲料生产技术还存在以下问题。

(1)反刍动物饲料技术体系不完善。四川省的反刍动物营养及饲料研究与开发进步很快，但还不能满足当前乳业的发展，其主要原因：①反刍动物饲料的标准体系建设刚刚起步，反刍动物饲养标准不全，产品标准只有奶牛精料补充料，原料标准也仅有瘤胃微生物脲酶抑制剂等为数不多的几个，目前仍然使用传统的可消化粗蛋白体系。②在饲料营养价值评定方面，尚未涉及氨基酸、微量元素、维生素等关键指标，导致在我国大多数地区的奶牛饲料中蛋白质饲料单一，微量元素和维生素严重缺乏，造成饲料转化效率低，奶牛发生营养代谢疾病概率较高、淘汰率高，影响奶牛生产潜力的发挥。

(2)奶牛专用饲料产量不足。尽管四川省饲料工业发展势头强劲，饲料品种、质量及效益都有较大的提高，但奶牛专用饲料却是薄弱环节，这与全国的情况一致。我国是蛋白质饲料和谷物饲料资源短缺的国家，目前缺口越来越大，生产总量已经越来越不能满足畜牧业的发展，尤其是乳业的发展。近年间，我国饲料玉米都存在 2000 万 t 以上的供应缺口，到 2015 年，玉米供应的缺口进一步加大，达到 3000 万 t 以上，致使乳业发展面临着饲料供给不足的矛盾。

(3)饲料质量安全水平低。四川省奶牛饲料业刚刚起步，而现有的法律法规主要是针对以猪、鸡为主的饲料工业，没有充分考虑到牛、羊饲料的独特性，所以体系非常不完善，甚至很多方面是空白，导致行业监管力度不够，使得饲料农药残留物、不洁残留物、超标添加剂及被污染的饲料中的有害微生物和毒物通过牛消化道进入奶牛体内，最后混入牛乳，危害消费者。

3)育种繁殖技术

现代奶牛业的发展目标是高效益、高产出和健康性。我国在过去的几十年里乳业发展速度很快，奶牛繁殖工作取得了举世瞩目的成绩，奶牛繁殖技术取得了突飞猛进的发展，然而育种繁殖技术跟国外发达国家相比还存在较大差距。新繁殖技术的发展对奶牛改良方案的影响很大。

人工授精是奶牛良种繁育中最常用的繁殖技术。20 世纪 40～60 年代，人工授精技术在发达国家广泛应用，各种家畜人工授精相当普遍。当前，我国优良奶牛品种的纯繁和选育中种公牛数量相对较少，无法满足通过自然交配大面积改良畜群的需求，因此人工授精技术在全国范围内得到不断推广和应用。

动物胚胎移植是将供体(雌性动物)配种后形成的早期胚胎取出并移植到受体(雌性动物)体内，使之发育成新个体的一种繁殖技术。该技术能更充分发挥优良母畜的繁殖潜力，促使优秀母畜尽早地在短期内获得较多的后代，扩大其在群体遗传改良中的作用。对于那些繁殖力较低、世代间隔较长的畜种显得尤为重要，通过超数排卵，结合胚胎移植技术，可获得几倍甚至几十倍的后代。

体外授精是指动物的精子和卵子在体外人工控制的环境中完成受精过程的技术，为胚胎生产提供了廉价而高效的手段。牛体外受精技术是动物繁殖生物技术领域的研究热点之一。近年来，国内外学者对此进行了大量研究，但存在一些关键技术尚不完善、总体生产效率不高的问题，严重制约了该技术在生产中的应用。

我国奶牛的性别控制和鉴别，在近十年做了很多工作，从改变输精环境的酸、碱度，精子的密度梯度离心分离，到 H-Y 抗原等方法，但均无显著结果。而在性别控制上，一些国外的科研工作者发现了哺乳动物的性别决定基因 SYR，用 PCR 技术来检测 SRY 基因的有无便可判别胚胎的性别，此项技术为我国胚胎性别鉴定提供了更可靠的保证。

四川省奶牛繁殖技术的发展，基本上反映了四川省在这个学科领域的发展水平。由于奶牛繁殖技术牵涉面广、涉及的学科多、研究的程度深，致使四川省奶牛繁殖体系的建设还存在很多问题。①奶牛遗传改良技术体系尚未建成。四川省尚未建成科学的良种奶牛遗传改良技术体系，一些已被发达国家所证实的行之有效的选育改良技术，诸如生产性能测定、品种登记等技术措施尚未得到完全实施，因此奶牛群整体的遗传改良进展迟缓。②种公牛自主培育体系尚未建立。四川省种公牛自主培育和选育体系尚未建成。主要表现在：一是多年来一直缺乏自主培育种公牛的能力，部分种公牛站面临种公牛断档、后备种公牛严重缺乏的问题。二是种公牛选育严重依赖进口，目前用于牛群品种改良的种公牛 90%以上都依赖国外引进，导致我国奶牛群的遗传改良在很大程度上受到限制。③奶牛育种组织系统不健全。长期以来，四川省奶牛育种组织机制不完善、系统不健全。主要表现为：一是奶牛生产性能测定还处在起步阶段，大部分养殖奶牛不能以生产性能测定为依据，生产性能测定工作滞后，参加测定的奶牛数量微乎其微；二是还没有有效开展奶牛体型鉴定、遗传评估及品种登记等相关工作，导致难以发掘牛群中的优良种质，即使发掘了在改良低产牛中也很难发挥作用，严重影响了奶牛繁育育种相关工作的推进。

4)饲养管理技术

自2001年建设菊乐生态奶牛养殖示范园区开始，四川省至今已建成了多个奶牛小区或牧场和多个现代化收奶站，在投入使用的小区内安装管道式或移动式挤奶机，小区实现了统一配种、统一饲养、统一防疫、统一供料、统一排污处理。集中机械化挤奶的“五统一”养殖模式，极大地提高了奶源的质量安全和生产效率，但是由于四川省经济水平的不均衡和发展的差异性，从全省整体看，在饲养管理中仍然存在一定的技术问题。

(1)奶牛户饲养管理的科技水平低。近年来四川省畜牧业科技发展迅速，取得了相当数量的研究成果，但科技技术普及率不高。我国奶牛年平均单产量低于发达国家，这与奶牛品种及饲养水平有关，经分析，品种问题约占30%，饲养管理科技水平约占70%。许多个体养殖户缺少基本的科技知识，如精料及补充料配比不合理等，且饲喂方法也比较落后，主要表现在：①先喂部分粗料，然后精料和水一起喂；②精料、粗料和水加在一起喂，这两种方法缩短了奶牛吃料时间，减少了进入胃瘤的唾液；③粗饲料打成粉面，饲草铲得过碎，使粗饲料在瘤胃快速发酵，造成奶牛消化机能不正常，产乳达不到正常水平，乳脂比重不稳定，影响牛乳的质量和安全。

(2)饲养环境质量差。目前四川省的奶牛养殖方式基本还是农户散养和小区集中饲养两种饲养方式。农户的奶牛多分散饲养在村前屋后，粪便得不到及时、科学处理，环境卫生十分恶劣，牛舍的清理消毒状况不好，牛舍内通风不良，卫生状况的条件差增加了空气中的尘埃含量，这些尘埃大都含有大量细菌，再加上奶农防疫意识淡薄，人牛互相感染疫病的情况时有发生。

(3)现代化饲养管理技术体系尚未全面推广。目前除了北京、上海等地的规模化奶牛场实行了奶牛自动化管理、机械化饲养等技术外，全国绝大部分农区的养牛户仍然是低水平饲养技术。由于广大农户的饲养机械、计算机管理、阶段饲养等先进技术尚未进行全面推广，导致农区的大部分奶牛生产潜力发挥不足，许多具有高遗传品质的奶牛由于饲养管理跟不上而失去了种用价值，成年奶牛淘汰率偏高、生产效率低下、原料乳的营养物质含量偏低且不稳定。

2. 乳类产业链中游技术分析——乳品加工技术

四川省的乳制品按其加工工艺主要有四大类：杀菌乳、发酵乳、乳粉、炼乳。近年来，四川省乳品企业在生产技术等方面虽得到了很大的提升，但整体上仍处于模仿和追赶的阶段，关键的生产技术和检测技术还没有达到先进的国际技术水平。纵观四川省乳制品消费市场及乳类巨头企业占据乳粉市场的大格局，综合评估乳类产业风险，结合我国居民的乳品消费习惯，四川省企业利用地理优势选择杀菌乳和发酵乳作为四川省乳制品加工的主要方向。炼乳虽在国外有较好的消费市场，但受我国居民饮食习惯的影响，在国内的消费市场不佳，相应的四川省在炼乳方面的技术水平也较低。乳粉在四川省的产量很小，主要是代生产。

1)杀菌乳制品技术分析

杀菌乳是四川省乳企业主要的产业来源，也是乳类企业竞争最激烈的市场区域所在，其关键技术是杀菌和包装两大技术。

目前，四川省企业主要采用的还是传统的热力杀菌技术，技术成熟、操作简单，但高温加热会导致液态乳部分营养成分的流失。在人们高营养需求的推动下，通过应用冷杀菌技术制备高营养、长保质期的液态乳是技术研究的焦点。常用的新型冷杀菌技术见图 5-3。

另一关键技术是包装技术，其中包装材料是核心技术。根据市场需求，传统的包装材料和新型的包装材料都在四川省的乳类产品中得到了应用，如传统的塑铝复合材料、新型的利乐无菌包装。开发新型的包装材料，延长乳类产品的品质，是提高乳类产业链的重要技术。

四川省乳品企业在整个生产过程中已达到了自动化和半自动化的水平，但还是落后于国内其他发达省份。目前，一些省份的乳品企业在乳品工业化生产中已经开发出了全自动化、智能化的机器人操作程序。

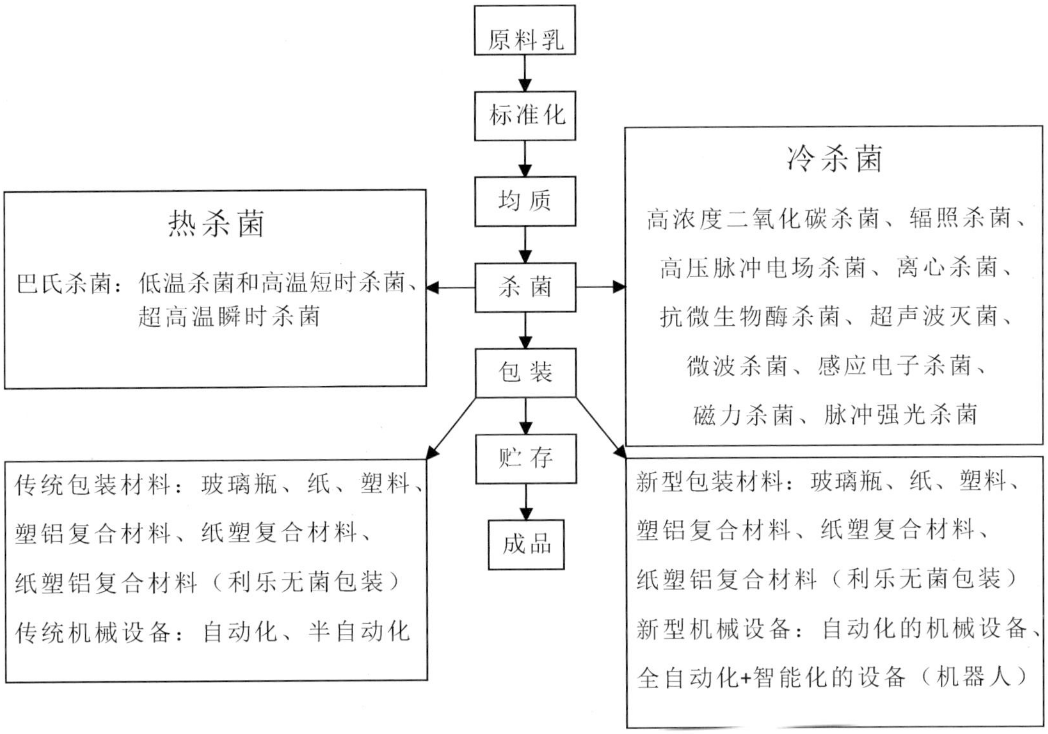

图 5-3　乳制品杀菌工艺及主要技术

2）发酵乳制品技术分析

发酵乳是指通过乳酸菌发酵或由乳酸菌、酵母菌共同发酵（如开菲尔酸乳）制成的乳制品。发酵乳一般工艺流程见图 5-4。

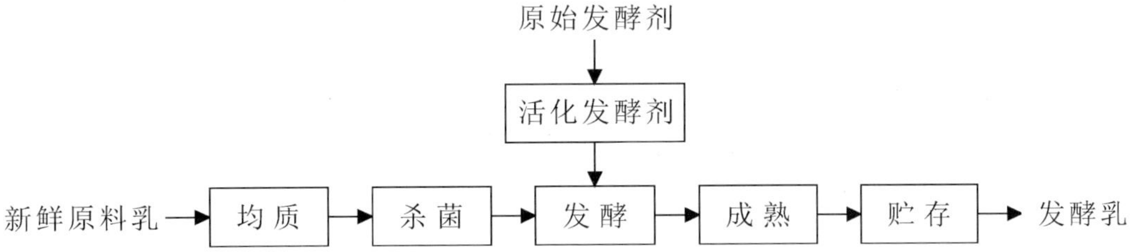

图 5-4　发酵乳工艺流程

联合国粮农组织（FAO）、世界卫生组织（WHO）与国际乳品联合会（IDF）于 1977 年对酸乳做出如下定义：酸乳即在添加（或不添加）乳粉（或脱脂乳粉）的乳中（杀菌乳或浓缩乳），由保加利亚乳杆菌和嗜热链球菌的作用进行乳酸发酵制成的凝乳状产品，成品中必须含有大量的、相应的活性微生物。

在沃尔玛等大型超市的柜台上可以看到新希望、菊乐、雪宝等乳企业生产出的大量发酵乳制品，种类繁多，但产品同质化严重，主要区别在于口味的不同而非关键技术。四川省的发酵乳仍然处在模仿和追赶的阶段，关键发酵技术还未突破，其中最为突出的问题在于发酵剂的选择。发酵剂是直接影响发酵乳成品风味、质地的重要因素，制备良好的发酵剂是整个发酵乳行业中的关键技术和核心技术。四川省目前应用的主要发酵剂还是常规的商业化发酵剂，主要靠进口，严重制约了四川省发酵乳制品的发展。能否开发出新型的发酵乳制品关系到一个企业未来的生存和发展。

(1)基因组学在乳酸菌发酵剂改良中的应用。随着乳酸菌的基因组学研究逐渐深入，通过对乳酸菌遗传结构和组成的分析，可以对其生物学功能和代谢进行调控。应用基因组学方法可将乳酸菌基因结构与其生理功能联系起来，从而促进其代谢组学、分泌蛋白和进化方向的研究。例如：通过对乳酸菌有关功能基因如 lacZ、aldB、mtlD 等的调控，可以使其代谢途径朝着有利于功能产物，如双乙酰、山梨醇和 B 族维生素等形成的方向进行；将蛋白酶、肽酶、氨基酸转移酶等基因转入乳酸菌，可增强其对干酪风味的改善作用；把枯草芽孢杆菌的蛋白酶基因转入乳酸乳球菌后用于制作切达干酪，可明显加快干酪的成熟，增加干酪中酸菌肽酶的表达量，如氨肽酶、脯氨酰二肽酶等，可减少干酪成熟中产生的苦味。对乳酸菌未知功能基因的研究可进一步拓宽乳酸菌的应用范围，对开发新型功能性食品将会有一个极大的推动作用。

(2)益生菌选择性计数技术在发酵乳制品中的应用。近年来，人们对含有益于肠道的双歧杆菌、嗜酸乳杆菌等发酵乳制品越来越重视。益生菌发酵乳制品的健康功效与益生菌活菌数量相关。为了对益生菌在生产过程、成熟期和货架期的活力进行监测，需要对发酵乳制品中的益生菌和乳酸菌发酵剂分别计数。现在新型的快速测定技术有平板计数法、探针方法、定量 PCR 法、脉冲场凝胶电泳法(PFGE)、核糖体 DNA 扩增片段限制性内切酶分析法(ARDRA)、扩增片段多态性分析法(AFLP)、随机扩增多态性 DNA 标记法(RAPD)以及 PCR 变性梯度凝胶电泳法(PCR-DGGE)等。有文献报道，通过比对鼠李糖乳杆菌与其他乳酸菌的 16SrRNA 基因序列的差异，设计出鼠李糖乳杆菌的种属特异性引物，应用此引物进行种属特异性 PCR 和实时荧光定量 PCR 反应，通过琼脂糖凝胶电泳图谱和实时荧光定量 PCR 图谱分析，建立了快速检测发酵乳中益生菌鼠李糖乳杆菌的定性和定量测定方法。

(3)微胶囊化技术在发酵乳制品中的应用。发酵乳产品一般 pH 较低，不利于益生菌的存活。利用微胶囊化技术将益生菌包裹在胶囊中可以显著提高益生菌在发酵乳制品中的生存能力，有利于帮助益生菌顺利通过人体胃酸环境进入肠道。微胶囊化方法包括凝胶颗粒法、喷雾干燥法、挤压法和乳化法等。使用的微胶囊化介质主要包括藻酸盐、卡拉胶、果胶、乳清蛋白、壳聚糖等聚合物。这些聚合物在矿物质存在的情况下可以形成凝胶，尤其是钙和钾存在时，聚合物链上存在多个自由的羧酸自由基，在凝胶离子存在下分子之间形成桥导致凝胶形成，从而将益生菌包裹。目前，在发酵乳中，研究最广泛的是用藻酸盐或卡拉胶将益生菌包裹起来。微胶囊化处理益生菌有助于其在贮藏过程中的存活。

(4)在线检测技术和自动化控制系统在发酵乳制品中的应用。酸乳的连续预发酵需在一个搅拌良好的罐中进行。热处理的牛乳连续不断地泵入预发酵罐，与罐内预发酵乳充分混合，控制出口处的预发酵乳的 pH 在 5.3～5.7，使罐内细菌维持在恒定高速繁殖的状态，可缩短其发酵时间。酸乳的连续预发酵，不仅能提高生产效率，同时，也可实现自动化控制，保证酸乳质量，并能进行较长时间的连续预发酵，大大节约了发酵剂的用量。Wilaschin 等开发了一种连续发酵技术来生产发酵乳制品，即在发酵乳基质发酵的同时加以搅拌，并监测发酵物的黏度变化，直至发酵乳基质达到目标黏度。Bjorklund 等应用含有黄金、铂金和铑元素等贵重金属的电化学电极连续监测酸乳生产过程，主要成分分析的响应生成二维评分图谱，从而定量描述发酵过程，发酵过程中监测 pH，并以 pH 为参照分析数据模型，判断发酵终点。

3)乳粉技术分析

乳粉生产的一般工艺流程见图 5-5。相对于其他乳制品，乳粉生产的关键是干燥技术。随时代的发展，其干燥技术也从传统单一的干燥方式转变成了针对不同原料性质采用的新型的多种干燥方式。

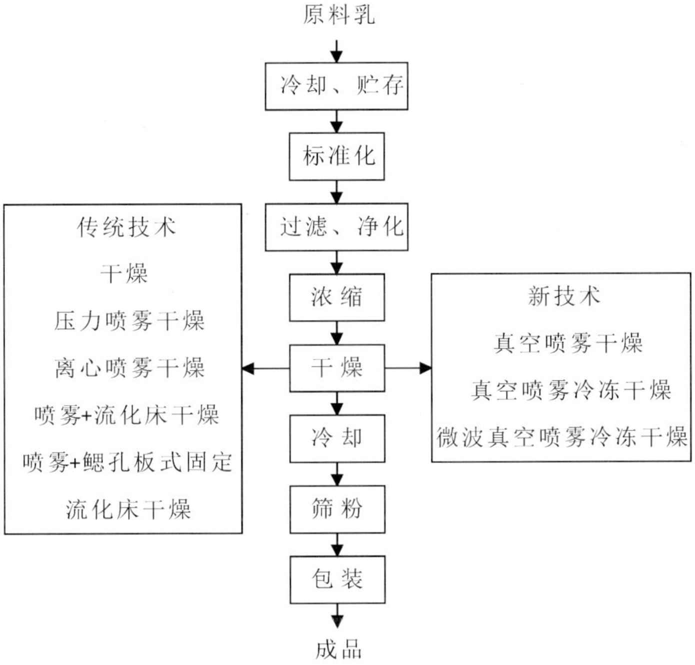

图 5-5　乳粉生产工艺流程

目前，市场上销量最大的乳粉是婴幼儿配方乳粉。下面以婴幼儿配方乳粉为例，进行技术分析。

相较于其他乳制品，四川省婴幼儿乳粉生产技术相对薄弱。在 2013 年国家发布的准许生产婴幼儿乳粉的厂家中，四川省没有任何一家获得生产许可，这可能与多方面因素有关，但四川省乳粉生产技术的落后是主要原因。自发生阜阳乳粉、三鹿乳粉等诸多乳粉安全事件以来，我国对婴幼儿配方乳粉给予了很大重视，其生产技术水平是最高的乳粉生产标杆。及时关注婴幼儿乳粉生产的新动态，掌握婴幼儿配方乳粉的生产技术，对填补四川省市场空缺具有重要意义。

婴幼儿是具有特殊营养需求的一类群体。一方面，婴幼儿由于自身代谢系统尚未完善，营养的摄入要求全面均衡，具有与成人不同的特点；另一方面，婴幼儿处于一生中生长和智力发育最为迅速的时期，并且在这一关键时期营养素摄入的数量和质量将对其未来造成重大影响。2013 年 12 月 25 日，国家食品药品监督管理总局制定了婴幼儿配方乳粉企业准入制度——《婴幼儿配方乳粉生产许可审查细则(2013 版)》，被众多乳业专家称为史上最严格的婴幼儿配方乳粉企业准入制度。

婴幼儿配方乳粉一般生产工艺流程见图 5-6。目前，国内先进的婴幼儿配方乳粉加工设备仍以进口为主，如离心除菌分离机、奶油分离机、多效降膜式蒸发器、喷雾干燥塔、流化床等。出于投资成本考虑，一些企业使用的管线、输送泵等辅助设备采用了国产的。现在新型的乳粉生产线已基本实现了全自动化控制，从收奶至喷粉结束，从自动包装到自动化输送立体库，整个生产线实现了封闭运作，杜绝了产品与外界的直接接触，更有利于保证产品质量。

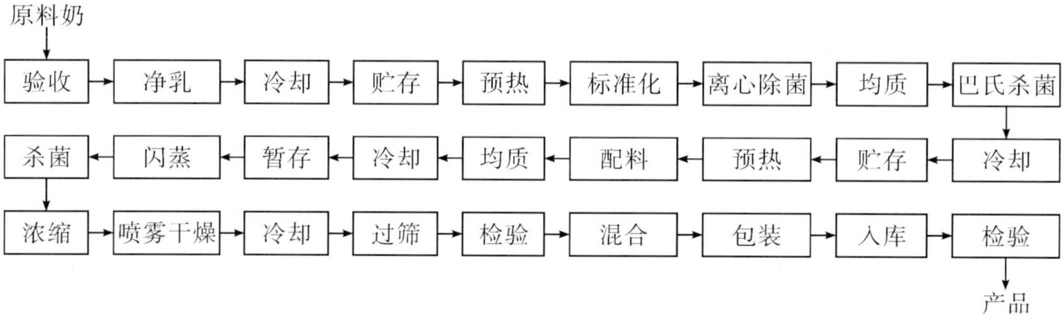

图 5-6　婴幼儿配方乳粉生产工艺流程

从现阶段的婴幼儿配方乳粉来看，人体所需基本的营养均已实现强化，其中一部分已列入国家强制标准。目前，婴幼儿配方乳粉各大营养素，如蛋白质、脂肪、碳水化合物、维生素和矿物质等的添加量和组成已经基本接近母乳的水平。但母乳是一种极为精细和复杂的营养体系，其成分是漫长的自然进化的结果，能为婴幼儿提供最佳的营养来源。大量的研究表明，喂哺配方乳粉的婴儿与喂养母乳的婴儿相比，在体格发育水平上已较为接近，但在智力发育和体质方面仍存在一定差距。随着对母乳营养成分研究的进一步深入，已逐步弄清了母乳中的微量化学、生物活性成分，目前的婴幼儿配方乳粉已经从过去满足婴幼儿的生长发育需要，转向增强婴幼儿各系统功能的综合发育，特别是各种功能性营养素如何协同作用以促进生长发育。

(1)益智类物质。将二十二碳六烯酸(DHA)和花生四烯酸(ARA)添加到婴幼儿配方乳粉中，标志着以提高智力发育为特点的新一代婴幼儿配方乳粉的问世，成为婴幼儿配方乳粉发展史上又一个里程碑。DHA 和 ARA 已成为中国市场上中高端婴幼儿配方乳粉的标志性成分，几乎所有国内外品牌的中高端产品均以单独或复合的形式添加。另外，DHA、ARA、胆碱、牛磺酸等成分常以复合形式添加，达到有利于提高智力和视力的双重功能。目前，以上成分均已出台相应的添加和使用标准。

(2)免疫类物质。免疫球蛋白和乳铁蛋白是母乳中含量最丰富的两种免疫活性蛋白，也是目前常被添加到婴幼儿配方乳粉中的免疫活性物质。另外，溶菌酶、唾液酶、过氧化物酶等也有使用。

(3)益生元类物质。益生元类物质如低聚果糖，虽然早已有所应用，但在 2007 年此类物质被炒得火热，将人们对低聚糖的认知和重视程度提到了一个新的高度。人乳中的低聚糖含量高且复杂，在配方设计时，常在婴幼儿配方乳粉中添加复合低聚糖，模拟母乳中低聚糖的组成，达到调解肠道菌群平衡，防止便秘的作用。常用的低聚糖类物质包括低聚果糖、低聚半乳糖、低聚异麦芽糖、低聚木糖、乳糖酮等。

3. 乳类产业链下游技术——监管与追溯技术

1)快速检测技术

乳品安全检测技术对保障乳品安全起着十分重要的作用，是“管出来”的重要技术支撑。乳品安全快速检测技术是物理学、化学、生物学、计算机科学等多学科、多技术门类交叉与整合的成果，是许多新机理、新方法的拓展和实践。乳产业链错综复杂，包括饲料、养殖、加工、流通、消费等，发展低成本、便捷的快速检测技术在乳品产业中来保障乳品安全具有特殊的意义。目前主要应用的检测技术有可见光分光光度法快速检测技术、荧光分子光谱快速检测技术、近红外光谱快速检测技术、太赫兹辐射快速检测技术、表面增强拉曼光谱检测技术、纳米材料快速检测技术、酶联免疫检测技术、胶体金试纸条检测技术、适配体快速检测技术、PCR检测技术及生物芯片检测技术等，这些技术可以快速检测出有毒有害的化学物质、生物物质和物理物质，为我国的食品安全事业提供强大的技术支撑，为消费者的生命和健康安全保驾护航。

2)过程化质量的管理技术

四川省乳品企业积极响应国家对乳类产业的一系列调整政策，认真执行了《奶业整顿和振兴规划纲要》中要求贯彻落实的《乳制品企业良好生产规范(GB 12693)》《乳品质量安全监督管理条例》等政策法规。同时，为保证产品的质量，四川省学习和改进了乳制品生产先进企业或国家的过程化管理，在乳制品的生产过程中建立和完善了质量管理体系，实行了过程化质量控制，保障了产品的质量。目前，四川省推广和应用的主要质量管理体系有ISO9000质量管理体系、GMP(良好操作规范体系)、SSOP(卫生标准操作程序)和HACCP(危险分析与关键控制点)。

3)全过程物流信息管理技术

物流信息系统是提高整个物流系统运行效率的基础条件，包括订货、收购、库存管理、配送、发货等信息子系统，力求完成畜产品运动全过程的信息交流活动。其中最典型的物理经济信息系统是以互联网为核心发展起来的现代电子商务。

随着经济全球化进程的加快，现代畜产品电子商务的应用将会越来越广泛，保证产品质量的安全性和产品安全质量的可视性——可追溯性变得尤为紧迫。目前，针对乳制品，在饲养场和加工过程中常用的信息标识有平面文身、实物耳标和非接触射频标识RFID。二维码、矩阵码近年也成为追溯系统中一项热门技术，二维码中的QR码不仅信息容量大、可靠性高、成本低，还可以支持多符号、多文字的编码，而且容错纠错能力强。

基于物联网技术的信息收集与传输研究管理等技术，可将其服务于整个畜产品安全质量的物流过程中。物联网技术体系包括感知层技术、网络层技术、应用层技术和公共技术，可划分为应用层、网络层、感知层3个层次。基于物联网技术的信息收集与传输，通过物联网技术感知层的RFID标签、传感器、摄像头、GPS设备以及传感器网关等感知元器件来收集信息。其中，需要收集的信息主要包括：终端需求信息，货物种类、数量、位置等；货物信息，食品种类、数量、温度、湿度、气味等；在途货物信息，数量、温度、湿度、位置等。收集到的信息通过网络层的互联网、4G网、web服务器、无线传感网络、RFID与WSN集成网络等通道，把信息传输到实时监控信息平台，供相关管理人员管理监控、指导各部门工作，实现产品安全质量的实时监控，使相关管理人员和客户随时掌握保鲜货物的温度、湿度、位置、数量等信息，保证货物在物流运作过程中的质量安全。

4)多维监管体系

(1)政府监管。四川省乳品安全监管体制与我国的模式相同，实行“分段监管为主，品种监管为辅”的模式。根据乳产业链的不同节点，将乳产业链分隔为不同环节，由相应职能的监管部门负责监管食品供应链中的一个相应环节。其中四川省农业厅负责生鲜乳生产流通环节的质量安全监管，四川省质量技术监督局负责乳品的质量安全监管，而四川省食品药品监督管理局负责统一管理，分设了三个处：①食品生产监管处，负责生产环节的食品安全监管；拟订生产环节食品安全管理规范并监督实施；承担生产环节食品安全状况调查和监测工作；掌握分析生产环节食品安全形势、存在问题并提出完善制度机制和改进工作的建议；②食品流通监管处，负责流通环节的食品安全监管；拟订流通环节食品安全管理规范并监督实施，承担流通环节食品安全状况调查和监测工作；掌握分析流通环节食品安全形势、存在问题并提出完善制度机制和改进工作的建议；③食品风险监管处，负责食品安全统计、数据库建立和数据分析；参与制定食品安全风险监测计划，并根据计划开展食品安全风险监测，组织开展食品安全风险预警和风险交流；编制食品安全年鉴、食品安全状况报告及形势分析报告。

(2)企业监管。企业是我国食品安全的第一责任人，要强化企业食品安全责任制，让企业主动参与到食品安全监管中去，鼓励建立良好生产规范(GMP)、危险分析与关键控制点(HACCP)等制度，通过企业控制系统，提高企业食品从生产到销售各环节的安全。要注重通过市场倒逼机制推动企业主动提高食品安全质量，要在全社会营造诚实守信的良好社会风气，使得食品安全不良行为在市场中失去立足之地。

(3)消费者监管。要加强食品安全工作的宣传和教育，充分利用新媒体等手段进行风险交流，引导消费者正确看待当前食品安全中存在的问题，不传谣、不信谣，让消费者成为食品安全的最后一道守卫者；要定期发布食品安全信息指南，加强食品安全培训，引导消费者正确消费；要利用食品安全多维彩码追溯系统增强产品的透明度，保障消费者的知情权；要畅通信息渠道，广开门路，便利消费者进行监督、投诉和提出建议；要认真研究和及时反馈消费者诉求，使消费者成为我国食品安全最忠实的监督员；要鼓励消费者积极参与食品安全标准、法律法规等制度、政策的制定中来，形成人人关注食品安全的良好氛围。

(4)社会机构。要充分发挥社会机构科学、中立、公允、透明的特点，引导社会力量参与食品安全监管，推动形成社会共治格局；要整合社会研究力量，为食品安全监管提供大数据和科学研究证据，为筹建国家实验室提供研究力量基础；要加强检验检测机构的建设，充分发挥现有检验检测力量和资源，同时着力提高检验检测技术研发能力，提高检验检测水平；要发挥社会机构独立、公允的特点，引导社会机构参与食品安全监管工作的评估和审计，以增强政府公信力；要引导社会力量投入到基层监管中来，形成全民监管的强大力量；要通过政府购买等方式为社会力量参与食品安全监管提供资源，提高社会机构整体能力；要提高社会机构运作的透明度，自觉接受社会监督，增强社会机构发展的可持续能力。

5)追溯体系

乳品从产地、原料、生产、加工、运输、仓储、物流以及消费需经历不同产业、不同承载主体的变化，时间与空间的变化，化学反应与物理加工的转换过程。根据国际先进追溯系统设计理念和保障技术，建立以乳品追溯系统、多维彩码系统和网络安全系统为核心的全产业链过程监控的技术体系。通过多维彩码系统可以对乳品全程进行有效追溯，为企业及消费者提供真实、透明的乳品流通过程信息。

企业逐渐对乳品生产商、销售商和消费群体建立公共服务体系，提供包括电子商务、政务、培训、金融、市场推广、展示交易、仓储物流、消费终端平台等服务，可以为企业及消费者提供真实、透明的乳品全过程信息。面向企业的公共服务平台，主要为企业提供追溯监管服务和交易服务，企业可利用这一平台按照追溯监管要求输入和管理企业的食品数据信息，并可以从公共服务平台获取食品安全相关的技术服务支持。同时，通过对全产业链相关企业的资质评估，为公众提供经过甄别的企业的真实信息和资质信息，以便于公众对企业的生产和经营行为进行监督。目前新型的追溯技术是多维彩码追溯技术手段，其最大的优势在于核心技术的非开源性，既保障了技术的安全性，又避免了弱势复制的可能性，在当前技术抄袭严重的环境下显得尤为重要。相比一般二维码的组成结构，彩色多维码是由原来的平面矩形二维码，外加红、蓝、绿、黑四色矩阵而构成的彩色多维矩阵，具有唯一性。唯一性决定一个商品从设计到使用是一个封闭链，不可重复使用，保证了产品的安全。

只要消费者用手机、Web 相机等扫描一下食品上的多维彩码，就能显示食品从田间到餐桌整个产业链的静态和动态信息。形成通过新技术对食品安全进行全程管控的无缝隙透明信息，以及消费者、企业和政府共同参与的全民食品安全管控的局面。

四川省的乳业龙头企业的主要产品已经建立了从牧场到餐桌的追溯体系，如新希望乳业已与中科院联合，建设了鲜奶“可追溯系统”，概括为一瓶鲜奶从终端到冷藏、运输、生产、加工、挤奶、奶牛草料，甚至产自何地的牛群等这样一个完整的“身份追溯系统”，逐渐过渡到所有乳制品和其他进口食品。

5.2　四川省乳类产业发展技术创新分析

5.2.1　技术能力分析

当前全球乳品企业共同面临着饲料提价、生产原料短缺、能源价格大幅上涨等严峻形势，国际国内竞争日益激烈。在我国乳品企业不断扩大生产规模的情况下，要实现打造国内品牌乳制品的梦想，创新才是唯一出路。只有依靠科技创新才能优化产业结构，促进产业可持续发展。目前四川省乳制品企业很突出的特点是知名企业数量较少，生产规模和技术水平参差不齐；乳品机械设备配套性差，产品品种少，生产机械能耗高，生产效率低；新希望等大型企业集团通过引进世界乳业发达国家的先进生产设备、乳品检测设备和部分先进的试验设备，实现了加工过程的机械化、自动化，与国际水平相差不大，而大部分中小型乳品加工企业的生产设备陈旧、技术水平落后；乳产品特别是液态乳的同质性较高，造成整个行业新技术和新产品的开发应用及推广能力受到限制。

5.2.2　乳业技术创新主体分析

乳业是一个涉及原料乳生产、乳品加工、包装、销售和贸易，涵盖上、中、下游完整产业链的产业。乳制品企业特别是大型的乳制品企业在整个产业链中居于主体地位。在涉及原料乳生产环节的关键技术创新方面政府是创新主体，例如，“十五”期间，我国“乳业重大关键技术研究与产业化技术集成示范”专项技术取得重大突破，科技部、农业部集中全国乳业科技的优势力量开展联合攻关，通过现有成熟技术的集成创新、国外先进技术的引进创新和原创技术的自主创新，在乳业共性关键技术研究上取得了一系列重大突破，建立了奶牛胚胎移植产业化和性控胚胎生产技术体系，奶牛优质胚胎年供应能力达到了 3 万枚，占国内市场需求量的 70%，建立了我国奶牛规范化饲养技术体系，优质饲草产业化生产与加工技术体系，奶牛重大疫病防控和主要疾病防治技术体系。四川省科技厅组织实施的科技计划项目“乳业现代产业链关键技术研究集成与产业化示范”，针对现阶段四川乳品市场产品同质化现象严重、质量可追溯体系建设滞后、良种奶牛占比低、奶牛单产水平低、养殖规范化程度不高、奶牛养殖粪污治理效果不明显、优质饲草供应不足、本地奶源基地建设缓慢等问题，重点开展乳制品精深加工技术集成与应用、乳及乳制品质量安全保障技术集成及可追溯体系建立、奶牛良种繁育技术集成创新示范及奶源基地建设、奶牛健康养殖技术集成创新与示范推广、奶牛疾病防控关键技术集成与应用示范、奶牛养殖粪污治理模式创新与应用示范等六大方面技术难点的创新突破和成熟技术的集成推广示范，并对乳业产业链各环节的关键技术进行集成创新，围绕成都、眉山、雅安城市经济圈奶牛养殖核心区，在整个四川地区进行示范推广。

随着企业的不断发展壮大和科研机构的企业化转制，技术创新正实现由政府为主体向企业为主体及“产学研”相结合的转变。衡量企业成为技术创新主体的体制特征(具有技术创新的决策权、承担技术创新的责任、全额获取技术创新的利益)已经形成。

5.2.3 技术创新类型、创新理念、创新战略分析

企业技术创新理念的培育过程是随着整个产业发展态势、竞争状况和自身的行业地位等不同因素共同作用的结果。而技术创新类型也随着产业和企业的发展壮大经历了从渐进创新到重大创新的转变。

随着四川省乳业的快速发展和消费者个性化需求的增加，竞争加剧引起了行业利润率降低的现实，于是许多企业特别是大型企业越来越意识到创新对企业可持续发展的重要性。由于乳产品特别是液态乳的同质性较高，长期以来价格战是企业参与市场竞争的主要手段。乳品价格战主要有两种表现形式：直接降价和买赠。随着乳品行业竞争的加剧，乳品价格战也不断升级且影响范围不断扩大，与此同时面对全球性的生产资料价格上涨，企业的盈利空间越来越小，面临巨大的生存压力，消费者的消费观念也逐渐成熟，从“有奶喝”转为“喝好奶”的需求日益强烈，企业逐渐意识到只有依靠技术创新，实施差异化竞争才是有利于企业和行业持续健康发展的根本出路。技术创新战略已成为企业发展战略的重要组成部分。

企业在行业中的地位不同、发展阶段不同会有不同的技术创新战略，具有多样性。四川省乳制品加工企业在发展初期多采用模仿和追随战略，既包括对国外技术的引进模仿，也包括同行企业间的模仿和追随，以改进创新为主，由于产品停留在低端大多是现有产品的改进，无实质差异，因而易于模仿。随着企业规模的不断扩大，市场竞争的加剧以及企业经营战略的提升，大企业的技术创新战略也发生了变化。从渐进创新向重大创新转变，引进再创新战略和领先战略得以重视。新希望集团、菊乐公司建成的 UHT 乳杀菌生产线就是在引进、吸收国外先进设备和技术的基础上，主要对工艺、能源、辅助设施、自动化仓储及输送系统、自控等系统进行了技术集成和创新，开发了一系列高端乳制品，如“奥特兰”“香蕉牛乳”等。

5.2.4 技术创新能力分析

技术创新能力是企业从事技术创新活动的基础，同时对技术创新的成效起决定性作用。由于技术创新几乎涉及企业经营活动的所有环节，任何一个环节缺乏技术能力支撑都会导致创新失利

或低效，因此技术创新能力是一种综合能力。

技术创新能力可以分为创新资源投入能力、创新管理能力、研发能力和营销能力等。四川省乳品企业的技术创新能力参差不齐，且创新能力不强，特别是中小型乳企，表现在以下两个方面：①创新投入不足。在从“无奶到有奶喝”的过程中面对巨大的消费市场，企业的创新动力不足；随着市场竞争加剧，大企业“圈地运动”和品牌创建过程中，价格战和广告宣传成为企业的主要竞争手段，使企业用于创新的投入不足。②研发能力不强。许多乳品企业没有独立的技术中心和研发中心，混杂在市场开发部进行一些简单的产品口感、风味等改进，研发经费不足1%，致使产品品质较差。

近年来四川省一些大型乳品企业逐步增强了研发投入，以新希望、菊乐、伊利及蒙牛代表的乳业公司纷纷建立了研发中心，其产品从小改进向新产品开发转变。以新希望乳业控股有限公司为例，其拥有一批具有较强科研能力和创新能力的技术人员，十分重视研发能力的提高和科技转化资金的投入，能迅速将研发成果在生产上进行实践。目前，新希望乳业旗下的四川华西、阳坪乳业、昆明雪兰乳业、云南蝶泉乳业、青岛琴牌乳业、杭州双峰乳业、安徽白帝乳业、河北天香乳业、重庆天友等品牌已是当地消费者的首选品牌，成为区域市场的领导者。

5.2.5　乳品企业技术创新的动力——障碍机制分析

技术创新的动力来源于市场需求、市场竞争、政府政策和科技发展等。从“有奶喝”到“喝好奶”，消费者需求发生了很大变化，更加注重安全、环保、高品质的绿色产品，为通过技术创新满足消费者需求提供了动力。

1. 市场竞争

日益严峻的市场竞争压力是企业进行技术创新的主要原因。不同的市场结构与技术创新有密切的关系。垄断竞争市场结构下企业技术创新的动力很大，但由于其从完全竞争中过来，技术创新表现为渐进过程，企业整体的技术创新能力还较弱；而在寡头垄断市场结构下可形成一定的规模经济性，又保证技术创新企业获得创新利润，使企业有强烈的创新动机。

四川省乳品企业经历了从完全竞争到垄断竞争再到目前寡头垄断的竞争格局，在寡头垄断结构下垄断企业为争夺龙头地位而进行的包括技术创新在内的竞争行为将更为激烈和互为激励，从而推动乳业技术创新的发展，这从新希望、菊乐等企业相继设立研发中心，此前彼后推出高端创新产品得以佐证。而中小型乳品企业也需要不断提高自身技术水平采取模仿、追随战略才能有生存之地，从而带动整个产业技术水平的提高。

2. 政府政策

对于技术创新企业的资金、新产品税收优惠或减免、奖励等方面的激励会推动企业技术创新。

3. 科技发展

乳品加工中的膜分离技术、生物技术、冷杀菌技术、检测技术以及相关设施设备等的发展和应用对乳业技术创新有重大影响。对于大企业而言资金可能并不缺乏，但创新风险、创新回收期长、缺乏创新能力(缺乏人才、缺乏管理创新的能力)、体制不顺等是主要障碍；而对于中小型企业特别是小型企业而言，缺乏资金、缺乏人才、抗风险能力弱、缺乏创新意识和体制不顺等是主要障碍。

5.2.6 提升四川省乳品制造企业技术创新能力的对策

(1)增强企业特别是中小型企业家的创新意识，培育创新理念，在明确企业发展战略的基础上科学确立企业的技术创新战略。

(2)面对日益激烈的市场竞争，企业要注重市场细分，从中寻求技术创新的突破口，这是中小型企业取得生存并进一步做大做强的根本出路。

(3)技术创新的基础在于技术能力的积累。要在引进消化吸收的基础上加大包括检测设备、乳品浓缩设备等加工设备的自主开发力度；加强与乳业相关的生物技术、杀菌技术等关键技术的基础研究和应用研究。

(4)进一步鼓励和发展“产学研”合作创新，贯彻以企业为主导的思想。在经济全球化背景下更要从自给自足向国际研发联盟模式发展。实力雄厚的大型企业可以建立自己的研发中心，形成自己的研发力量，同时也要加强与国家相关部委、科研院所研发平台的合作，加强与国际乳品企业和科研机构的合作。

(5)重视企业自主创新平台的建设。四川省乳品企业已经开始重视自主创新平台的建设与创新能力的提高，各大企业纷纷设立独立的研发中心，加强与社会研究机构合作，建立合作实验室，承担国家及地方的科研课题，并有计划地投入部分经费开展自主研究课题。虽然我国大型乳品企业有了创新意识和行动，但在自主创新的认识及创新机制上还存在很多问题。首先在观念上存在误区，对平台的建设重视程度不够，没有将投入制度化，随意性强；其次把研发投入等同于设备、原材料投入。事实上，创新产品带给企业的利润是普通产品无法比拟的。

(6)建立有效的创新机制和体制。四川省乳品企业在技术创新中要提高自主创新能力，激发企业自主创新的热情和潜力，政府应该对企业的自主创新给予积极鼓励和经济政策方面的支持；积极落实国务院发布的《国家中长期科学和技术发展规划纲要》，在金融支持、税收激励、重大专项设置等方面增加对乳品企业的支持，设立多层次创新课题，同时加快技术创新转化的速度。

(7)加大科技创新的资金投入。除国家、省市科技部门的项目经费支持外，企业也应该根据自己的实际情况，保证将一定比例的资金用于企业的自主创新，同时也应该积极吸纳社会风险基金解决技术创新资金不足的问题。

(8)人才是企业技术创新的关键。我国企业在技术创新中必须把人才机制创新放在首位，以此来吸引更多的人才，营造能充分发挥人才作用的技术创新环境。

5.3 四川省乳类产业发展技术研发与应用项目及技术风险分析

5.3.1 乳类产业发展技术研发与应用项目

四川省乳品加工企业和科研院共同合作，先后承担了多项国家级乳业重大项目，内容涵盖奶牛育种、规范化饲养模式建立、乳制品深加工和乳业安全生产规范等有关产业链建设的一系列项目。

在“十五”期间，承担了科技攻关重大专项《乳业重大关键技术研究与产业化技术集成示范》，开展了饲草饲料品种选育、种植技术及高效利用技术，优质高产奶牛选育技术，奶牛饲养管理及抗热应激技术，乳品新产品开发及牛乳质量检测等研究。筛选和培育出了优质牧草品种 4 种，建成 125 万亩优质牧草基地；研制出了抗热应激饲料配方 2 个，生产应用抗热应激饲料 17760t，在热应激条件下的奶牛应用后产奶量少损失约 8%；腐蹄病发病率在原来基础上下降了 30.07%，奶牛乳房炎发病率在原来基础上下降了 15.10%；建成了示范奶牛场 2 个和一批奶牛小区，研究提出并推广了股份制和业主制奶牛小区经营模式，形成了奶牛主要疾病防制技术研究与应用、奶牛胚胎移植关键技术研究与产业化示范、调控奶牛热应激的综合技术研究和牛粪资源化利用综合技术等 4 项标志性成果。

"十一五"期间，承担了国家重大科技支撑计划项目《西南地区奶牛规范化饲养模式建立及乳业生产技术开发》，针对西南地区乳业生产实际，重点开展高产奶牛良种繁育体系建立与示范、西南农区奶牛规范化饲养模式的建立、西南农区奶牛疾病综合防治技术的应用与示范、原料乳及乳制品生产全过程质量与安全控制技术的研究、新型乳制品开发与产业化开发等五方面技术研究，构建了西南地区乳业科研开发与技术推广新体系和产业化生产模式，提升了乳业科技创新能力，促进了奶牛传统养殖技术升级，推动了乳业由传统数量型向现代质量效益型发展，提高了乳业科技含量和生产水平，增强了西南地区乳业整体实力和乳制品竞争力。

"十二五"期间，承担了重大科技支撑计划项目《原料乳质量安全监控关键技术研究》，针对环境激素检测种类的繁复与侦测极限的问题，在现有的检测方法高效液相色谱分析法、气相色谱、搭配质谱仪的 GC-MS、气相色谱搭配电子捕获检测器(GC-ECD)的分析法、原子吸收光谱仪(AA)等的基础上，优化样品前处理、仪器条件，最大进样量及高通量分析，并将化学计量学、统计学知识应用于色谱条件选择，均匀实验设计表应用于多因素水平实验，优化常见环境激素检测技术，研究常见环境激素分析检测技术。

四川省科研团队还对奶牛腐蹄病进行了系统研究，采用不同培养方法明确了奶牛腐蹄病病原，发现坏死梭杆菌为奶牛腐蹄病的主要病原。对坏死梭杆菌的生物学特性进行研究，建立了奶牛腐蹄病的小白鼠模型和绵羊模型。初步建立起了培养工艺，在基础培养基的基础上，改变培养基配方和培养条件，研制出了奶牛腐蹄病的坏死梭杆菌培养工艺，为奶牛腐蹄病疫苗的研制奠定了基础。此外，在原有奶牛寄生虫学的研究基础上，进一步研究了我国奶牛寄生虫种群结构和奶牛寄生虫病流行规律，首次明确了我国奶牛寄生虫种群结构即 81 个种隶属 33 个科 48 个属、我国南方和北方奶牛寄生虫病特点等，建立了我国奶牛寄生虫数据库。集成奶牛寄生虫病诊断检测技术、药物选择技术，建立了实用的奶牛寄生虫病控制新模式，使奶牛场对寄生虫病的控制更科学、合理，降低不必要驱虫带来的弃牛乳经济损失或牛乳及制品的安全性。

5.3.2　乳类产业发展技术风险分析

1. 上游技术风险

奶牛产业是技术密集型和资金密集型行业，属于农业中的"重工业"，投资大、周期长，奶牛养殖需要从优质牧草的种植、加工、青贮饲料制作、饲料贮备、奶牛饲养管理、发情配种、犊牛养育、挤奶、牛乳加工及牛乳销售等方面获得技术和资金支持。

奶牛在养殖过程中的风险是指在原料乳生产系统中，奶牛饲养、挤奶、售奶等环节中存在的与奶牛养殖主体养殖预期收益相悖的潜在损失，由此导致的对奶牛养殖主体造成养殖收益减少甚至养殖亏损的可能，养殖主体因此承受的养殖风险包括自然风险、疫病风险、市场风险、政策风险、技术风险、管理风险等。

1)养殖规模风险

目前，四川省家庭牧场、乳业合作社、奶联社、千头牧场、万头牧场、奶牛养殖小区等多种养殖模式并存，并且快速发展。总体来看，现有规模在千头以上的牧场单产较高、奶价较好，整体经济效益优于养殖小区和散养户，这是规模牧场的建设动力。但许多牧场在建设过程中，只注重规模养殖带来的经济效益，而没有真正考虑饲料生产、粪肥消纳、疾病防控等配套技术养殖所带来的各种风险。所以，四川省根据科学发展观，提倡科学规模化养殖——适度规模养殖。适度规模养殖既不是多年前所提倡的“养得越多越好”，也不是现在盛行的“养得越集中越好，规模越大越好”。奶牛场的建设应综合考虑资源、资金、技术经济合理性和管理水平等因素，在市场调研和充分论证的基础上，确定目标市场，并以此为依据确定建设规模和水平。

2)转基因饲料风险

转基因牧草具有多种优良性状，除了能显著提高牧草的数量与质量外，还能增强对不利因素的抗性，因此转基因技术在牧草中的运用也越来越广泛，其构建技术方法也较多，主要包括：基因枪法、农杆菌介导法、电击转化法、PEG 介导法、花粉管通道法。目前应用转基因技术已成功培育的功能性牧草有抗病虫害转基因牧草、抗除草剂转基因牧草、非生物胁迫转基因牧草、优良性状的转基因牧草等，为畜牧事业的飞速发展起了重要作用。但是，转基因牧草也存在一定的安全风险，如转基因牧草可能会破坏生物多样性和生态圈的稳定、可能会让目标害虫产生抗性、容易逃逸进而造成除草困难、可能对非目标害虫产生毒性从而影响食物链的结构、可能间接威胁人类健康。面对转基因牧草这把双刃剑，四川省政府机构及科研单位应科学规划和应用。①将转基因技术与濒危物种保护相结合，以达到植被多样化和生态链稳定的目的；②将转基因技术与草地、园林设计相结合，以达到保护生态和绿化、美化环境的目的；③将转基因技术与牧草次级代谢产物研究相结合，以达到促进人类医学发展的目的；④将转基因技术与珍贵牧草药开发相结合，以达到实现牧草功能多样化和提高牧草经济价值的目的；⑤将转基因技术与植被产品多元化相结合，以实现同一植被不同产物的目的；⑥将转基因技术与无土栽培技术相结合，以达到节约用地和避免基因逃逸的目的。

3)育种技术风险

近年来，随着生物学技术，如分子标记辅助选择技术、QTL 定位技术、全基因组关联分析技术、全基因组选择技术等的飞速发展，牲畜的繁殖技术也有了很大提高，其中应用于奶牛的生物技术主要有：①转基因技术，包括奶牛重要生产性状改良技术、奶牛非常规转基因育种技术；②胚胎技术，包括奶牛胚胎工程繁育技术中的超数排卵与胚胎移植技术、胚胎分割技术、胚胎性控技术。奶牛育种发展的特点是不断深入应用数量遗传学的理论与方法指导育种实践，主要体现在大规模、规范化的生产性能测定(DHI)，人工授精技术的广泛应用，及应用计算机技术提高种畜选择的准确性。

目前，四川省还未建成奶牛遗传改良技术体系、种公牛自主培育体系，且奶牛育种组织系统不完善，严重阻碍了四川省乳产业链的发展。只有攻破相关关键技术，才能完成四川省奶牛人工繁殖育种的可控性和选择性。

2. 中游技术风险

1)原料乳贮存技术风险

我国生鲜牛乳标准中，规定了菌落总数(小于 5×10^5 cfu/mL)作为原料乳的微生物指标。乳中的菌落总数是反映奶牛场卫生环境、挤奶操作环境、牛乳保存和运输情况的一项重要指标，也是反映牛乳质量和卫生程度的一项重要指标。

牛乳是微生物生长繁殖的营养基质，牛乳刚挤出时，其温度约为37℃，处于微生物最易生长繁殖的温度范围，如果处理不及时，微生物将大量繁殖，酸度迅速增高，牛乳质量降低，甚至会变质。原料乳在4℃下贮存，微生物的生长较为缓慢，但由于嗜冷菌的缓慢生长，原料乳在4℃贮存时最好不要超过24h，挤奶后的原料乳不宜在高温下放置，需及时冷却到4℃以下贮存。随着贮存温度的升高、时间的延长，原料乳中微生物增幅加快。

冷链条件下贮运原料乳对控制微生物生长繁殖具有重要作用。在原料乳贮存和运输的各环节中，温度管理是保证原料乳品质的重要因素。对于未及时加工或等待加工用的原料乳，必须进行恰当的处理，否则会引起生物性、化学性及物理性污染。生物性污染主要是不适当的储存时间、温度造成微生物的增殖、产毒、产酶和排泄物的污染；化学性污染主要是管道、储存容器等的清洗剂残留；物理性污染主要是储存容器密封不合适带来的环境污染物。因此原料乳在贮存过程中必须建立GMP良好的操作规范，合理控制降温过程的时间和冷藏储存的时间、温度。

2)乳品加工技术风险

近年来，消费者对乳制品的口感、质地、健康和安全的不断追求极大地拉动了乳品在菌种、工艺、设备、包装和质量控制方面的高速发展。从保健与健康方面出发，越来越多具有多种生理功能的乳制品出现在市场上。保健型乳制品是在常规的乳制品中加入了功能性成分，就加工原理来讲，不存在根本的区别。目前，乳制品在加工过程中，面临的技术问题有：低温乳加工温控技术及保藏技术、高温加工美拉德反应控制技术、调制乳的乳化技术和营养强化技术、低温嗜冷菌控制技术及产品无菌包装技术等。

3)杀菌技术风险

微生物代谢活动是引起乳品腐败变质的主要因素，杀菌技术是工业化乳制品生产加工过程中的核心技术，当前乳品杀菌通常使用热杀菌技术，常用的有低温巴氏杀菌、中温巴氏杀菌、超巴氏杀菌及超高温瞬时(UHT)灭菌方法，可以保证产品安全、延长货架期。但是热处理会造成牛乳蛋白变性、产品褐变、蛋白沉淀及风味变劣等问题，严重影响产品质量。即使采用最先进的加工机械和加工工艺，也会发生这些质量问题。

食品领域中的新型冷杀菌技术主要有超高压杀菌、高压脉冲电场杀菌、离心杀菌、高浓度二氧化碳杀菌、抗微生物酶杀菌、超声波灭菌、辐射杀菌、微波杀菌、感应电子杀菌、磁力杀菌及脉冲强光杀菌等。冷杀菌技术能较好保持食品固有营养成分、质构、色泽和新鲜度，满足了消费者对食品营养和原味的要求，但一些技术尚处于试验研究阶段，对其中的杀菌原理尚不清楚，因而限制了它们的应用，其他灭菌技术仍需作进一步研究。透彻了解各种杀菌方式的杀菌机理及影响因素，才能取得最佳的灭菌效果。目前应着重研究：①杀菌技术作用的机理、影响因素和适用条件等；②不同的杀菌技术结合后的最佳杀菌效果；加强冷杀菌技术的安全性风险评估。

4)乳品在线检测技术风险

乳中的激素及抗生素已经成为国内公认的食品安全重大隐患问题。乳品安全既关系到人民群众的身体健康和生命安全，又关系到社会和谐稳定与经济的可持续发展，还关系到国家安全和国际名声。因此，乳品安全问题越来越受到各国政府和民众的高度重视和关注。相对于离线分析而言，在线检测技术使样品的定性定量更为准确。样品前处理与分析仪器在线联用技术是分析化学发展的趋势，这既可以弥补前处理技术的缺陷，还可以降低实验者的劳动量，实现自动化分析，减少实验成本，节省分析时间，更重要的是可以大大降低手工操作时实验者的个体差异所造成的误差，提高检测的灵敏度、精密度和准确度。此外，通过在线检测技术更容易实现环保节约的绿色操作，减少样品处理的溶剂使用量，降低对实验者和生态环境的危害。但是在线检测技术涉及的设备较复杂，价格昂贵，且对试剂的要求高，使其实现商品化还需要进行更深入的研究。

3. 下游技术风险

信息技术的广泛应用使企业间的信息共享成为可能，为企业制定科学合理的决策提供依据。目前，在整个乳品供应链中信息的作用日益凸显，其决定了物流、商流、资金流的效率性和可靠性，而储存、保管、包装技术的先进性虽然有力地保障了食品物流的安全，降低了食品在品质、数量方面面临的风险，但同时这些技术自身的安全性又反过来影响乳品质量。

加强对食品供应链的管理和监控力度，重视安全的物流设施、设备和技术在乳品产业的应用，建立社会化乳品物流系统，完善食品物流安全风险的评估和管理机制，正确识别食品物流安全风险的来源，既要加强乳制品物流的投入和管控力度，又要重视物流技术本身的安全性和外部环境的不确定性对乳品质量的影响。对于广大物流企业来说应该迎难而上，从发展冷链物流、奶源供应链角度入手，提升自身的资源整合能力和管理能力，实现乳制品无缝化供应与流通，使物流不再成为乳制品质量事件的替罪羊，从而为广大消费者提供健康、安全的乳品。

5.4 四川省乳类产业发展技术路线分析

5.4.1 优化乳业的生产组织形式，促进原料乳规模化生产

原料乳是一种营养丰富，易腐败变质的特殊原料，“企业＋基地”“企业＋专业合作社”的产业化生产组织模式是较为适宜四川省乳类产业化发展的。要促进乳类产业化生产的发展，需要四川省乳品企业与农户建立稳定的合作关系，鼓励乳品龙头企业的发展，对实行产业化的龙头企业给予适当的政策优惠。通过加工企业和农户的紧密结合，分担和化解鲜奶生产者的市场风险，分享鲜奶加工的部分利益；通过产业化服务，促进奶牛饲养者提高饲养技术，扩大生产规模，逐步形成较大型的专业生产者群体和由此组成的稳定的奶源基地。同时，要鼓励以奶农技术协会、奶农合作社和奶牛生产服务站等组织为龙头的其他形式乳类产业化的发展，为奶牛饲养者提供饲养管理技术、繁殖技术、疫病防治、鲜奶销售、机械维修等全方位的服务，提高生产的组织化程度。

5.4.2 加大科技投入，提高乳类产量

要加强优质饲草饲料的生产，大面积种植青贮玉米和优良牧草，大力推广青贮技术，为发展奶牛提供优质饲料，同时加强对奶牛营养问题的研究，改善奶牛营养，提高奶牛单产；要加大科技投入，实施胚胎移植工程，加快良种扩繁速度，尽快增加良种存栏；要继续加强以常规技术为

基础的良种繁育体系建设，使良种繁育和推广工作进一步规范化、法制化；要增加投入，完善良种繁育体系建设所必需的基础设施建设，加快品种改良步伐；要大力推广先进、实用的奶牛饲养配套技术，推行规范化饲养和机械化挤奶，强化疫病防治，努力提高奶牛单产和牛乳质量；要通过政府投资，分期分批建立一批良种奶牛基地，同时，要加快奶山羊、水牛、牦牛改良基地的建设步伐，开发四川省特色乳业，提高我国原料乳的整体供应水平。

5.4.3　应用食品工程高新技术，提高乳类产品附加值

乳类产业是四川省经济的重要支柱之一，是保障四川省乳制品安全的基础，同时也是承载人民营养健康的民生产业。随着人们对乳制品营养质量与安全的广泛关注，乳制品工业将面临巨大挑战，高新技术在乳制品工业中的应用可以有效提高乳类资源利用率和经济附加值，实现乳类产业链的可持续发展，满足人民群众日益增长的营养需求。

1. 冷杀菌技术

乳品工业加工的根本目的是保证和提高乳制品的质量和营养，满足人们对产品的需求。在科学技术不断发展的过程中，多种高新技术在乳品工业中广泛应用，在很大程度上保证了产品质量，提高了生产效率，增加了经济附加值。应用冷杀菌技术能够最大限度地保证乳品中的热敏性营养物质和功能性成分不被破坏，且能最大程度地保持乳品的原有风味。目前应用的冷杀菌技术主要有高压脉冲电场杀菌、离心杀菌、高浓度二氧化碳杀菌、高压杀菌、抗微生物酶杀菌、超声波灭菌、辐射杀菌、微波杀菌、感应电子杀菌、磁力杀菌、脉冲强光杀菌等，其中有部分技术已被广泛应用，但仍有部分技术还处于实验研究阶段，需进一步验证和改进。

2. 膜分离技术

膜分离技术是一种在常温下以半透膜两侧的压力差或电位差为动力对溶质和溶剂进行分离、浓缩、纯化等的操作过程。该技术是分离领域中公认有效而又经济的一种分离手段，它包括反渗透、微滤、超滤、纳滤、电透析、气体分离和液膜分离等技术，应用微波膜将低分子量的离子和水共同进行分离已广泛应用于乳制品深加工。在脱脂乳制造过程中应用膜分离技术可以除去原乳中的苦味，明显改善风味；在乳粉生产过程中，应用微滤技术和色谱方法以及化学处理方法能够将乳蛋白中的各种组分分离，得到乳酪蛋白、乳清蛋白和免疫蛋白等，根据消费者的需求，调配成最佳的营养配方乳。在乳品生产中，应用膜分离技术具有环境污染小、能耗低、效率高等特点，拥有巨大的市场应用前景。

3. 在线快速检测技术

(1)生物芯片技术。生物芯片技术是21世纪一项革命性的技术，目前主要包括基因和蛋白质两种重要的芯片技术。基因芯片技术具有自动化程度高、检测效率高、成本低且应用广等特点，目前已广泛应用于食品致病微生物、转基因食品、食品营养成分等的检测。蛋白质芯片技术是继基因芯片技术后发展起来的又一项高新技术，近年来又与色谱、质谱、凝胶电泳等联用。蛋白质芯片技术在食品检测中具有快速定量分析大量蛋白质、灵敏度高、准确性好、所需试剂少、便于诊断等特点，可用于乳制品中兽药残留、生物毒素和有害微生物等的快速检测。

(2)免疫检测技术。免疫检测技术是21世纪初发展起来的将免疫反应和现代测试手段相结合

而建立的超微量测定技术，是基于抗原、抗体的特异性识别和结合反应为基础的分析方法。现代免疫检测技术主要包括分子印迹技术、流动注射免疫分析、免疫传感器技术及多组分免疫分析等。免疫检测技术已经广泛应用于乳及乳制品的检测，采用此方法可以检测乳中的激素、维生素等，并且可鉴定乳中的微生物种类，具有高灵敏性和重复性。

(3)现代仪器分析技术。现代仪器分析技术的进步积极地推动了乳制品安全检测领域的发展。气相色谱高分辨质谱(GC-MS)、气相色谱二级串联质谱(GC-MS-MS)、高效液相色谱二级串联质谱(HPLC-MS-MS)、电感耦合等离子体质谱(ICP-MS)等高灵敏度、高准确度和高选择性的分析仪器，满足了乳品中农药残留、兽药残留、添加剂、重金属等有害物质检测的需求。而现代仪器分析技术与生物技术的联用可以满足乳品安全检测的更高要求。

5.4.4　开发新型奶源，走特色乳业之路

四川省地形地貌复杂，气候多样，具有水牛、牦牛、奶山羊等哺乳动物生长繁殖的良好条件。水牛乳、牦牛乳、山羊乳在乳业的加工业领域中均占有一席之地，是一项正在崛起的新兴产业。建立完善的特色乳产业生产体系，加强与国际先进技术乳品企业的合作，应用现代食品工程新技术，开发新型的特色乳制品对开发新型乳制品市场和提高居民消费乳品水平具有重要意义。

5.4.5　完善追溯体系，减小食品安全风险

食品可追溯系统通过登记的识别码，能够对食品的来源和使用或位置予以追踪，是保持食品供应链各阶段信息流连续的一种保障体系，发挥功效的基本原理是利用“信号发送”机制，解决或缓解食品链内的信息不对称问题，即通过企业自身或第三方创造激励的形式来记录食品在生产资料投入、生产、加工、储运、分销、零售等环节的信息，并传递给消费者和监管机构，达到提高自身质量控制能力、方便政府监督管理和使消费者放心的目的。乳品可追溯系统是以乳品生产企业、政府机关、第三方机构以及交易市场等作为可追溯系统的主体提供数据，形成一个基本信息库，进而对基础信息进行专业化收集、整合和处理，构成可追溯系统的核心内容。最终通过终端查询机、网络、电话以及短信等多种方式为企业、政府和公众提供全方位、多角度的服务。

食品可追溯体系的基本流程包括生产、加工、运输、销售及消费五个环节，每个环节受到各自经营特点、产品特性及风险发生概率等因素的影响而承担不同的追溯义务和责任。可追溯体系的本质是针对食品及其过程信息的管理，包括记录、保存、审核、传递四个主要内容。追溯体系的主要技术支撑为：

1. 物种鉴别技术

通过对物种鉴别技术的应用，获得有关物质品种的信息。目前，能够快速、准确地进行物种鉴别的方法主要有蛋白质分析技术、脂质体技术、DNA 技术和虹膜识别技术。

2. 自动识别技术

自动识别与数据采集技术的应用能高效率地解决食品与信息之间的匹配关系，使食品在供应链的生产、加工、运输、仓储和销售等环节的动态信息，能实时反映在信息网络中，实现食品溯源。常用的电子编码体系有：EAN. UCC 标准体系、EPC 标准体系和 ISO 标准体系。

3. 数据库技术

构建可追溯系统的一个基本要素是中央数据库和信息传递系统。比如在畜产品可追溯系统中，家畜个体或者单位群体的迁移信息必须记录到中央数据库中以备查询。电子编码技术、自动识别技术是在计算机技术、光电技术、通信技术与信息技术的支持下，在经济全球化、生产国际化、信息网络化的形势下成长起来的一门新兴技术，初步形成了包含耳标、条形码以及射频识别等在内的技术体系。

4. 网络技术

网络是将所有分散的生产企业、加工企业和销售点信息连在一起的桥梁，LAN、WAN 等有线网络技术和 GPRS、蓝牙等无线通信技术以及 Internet 技术为可追溯系统提供了支撑。通过 Internet 及 XML 技术的应用，实现数据集中存贮、管理，数据输入后可立即查询，突破企业“防火墙”的限制，拥有低维护成本和客户端零安装优势。

5. GPS 技术

随着 GPS(全球定位系统)技术的民用化以及服务和设备成本的降低，许多可追溯系统已经加入了生产企业、加工企业的地理位置引用信息和相关分析功能，在乳品安全事件爆发时能够提供更多辅助决策信息。如加拿大安大略省生猪生产者市场委员会与 Guelph 大学土地资源科学系合作完成了一个称作 BamBase 企业标识项目，使用 GPS 和 GIS(地理信息系统)将每个猪场的地理位置卫星定位(GPS)坐标记录进数据库。

四川省乳制品与过去相比发展较快，同世界相比，差距很大，必须不断加强研究，调整产品结构、开拓市场、提高乳及乳制品的质量、增加品种。从乳产业技术发展趋势看，四川省乳业必须走产业化、集团化之路，确立乳产业链生产、加工、销售一体化的经营思路，建立过程化质量管理体系，完善乳产业市场体系，建立健全可追溯体系和多维监管体系，开发新型特色奶源，加大深加工力度，对服务人民、提高产业价值具有重大意义。

第6章　四川省奶产业技术路线图

【本章摘要】本章是对前面1～5章的综合分析和总结，通过对国内外乳业发展现状、发展趋势、市场前景、四川乳业发展基础、四川乳业发展目标、发展技术和创新需求及产业发展需求，提出四川未来3～5年和10年内需要解决的重大问题和发展技术路线图。

6.1　乳业发展现状与前景

6.1.1　国内外发展现状分析

从世界范围来看，牛奶和乳品的生产稳步增长，乳品加工技术不断进步，乳制品的消费稳中有升。乳业发展总体上呈现发达国家发展平稳、发展中国家发展迅速的局面，增长最快的地区是南美、东南亚以及大洋洲。欧美及大洋洲各国奶业发展历史悠久，生产水平高，奶业产值大约占畜牧业总产值的30%左右；美国、英国、德国、法国等国的乳制品加工业产值占食品工业产值的比重超过了10%，有的国家甚至超过了20%，如奶业在新西兰占农业总产值的33%。2014年我国奶牛养殖产值超过1500亿元，占牧业的5.32%；乳品工业产值达到了3297.73亿元，占食品制造业的16.17%。

中国奶业经过不断地改革和发展，当前中国奶业发展平稳，转型升级明显加快，整体素质不断提升，现代奶业的格局初步形成，发展态势良好。2015年我国奶牛存栏1480多万头，牛奶产量3755万t，乳品产量2782万t，乳品进口接近180万t，我国已是世界产奶大国和消费大国。在养殖方面，家庭散养加快退出，标准化规模养殖大幅提升，100头以上奶牛存栏比重超过40%，机械化挤奶率达到90%以上，全混合日粮（TMR）、信息化和智能化管理系统广泛应用，部分加工企业装备达到世界一流水平；劳动分工逐步细化，据各岗位职能配备了相应的兽医、繁育师、营养师、产房技术员等专业技术人员，生产效率大幅提高，整体素质向着现代奶业快速迈进；实施全产业链严格监管，生鲜乳和乳制品质量安全水平明显提升，乳蛋白率、乳脂肪率分别保持在3.3%、3.8%的水准，生鲜乳抽检100%合格，乳制品抽检99.8%合格，远远高于其他食品或饮品；效益环节，我国平均养殖每头奶牛的年净收益达到了4952元；我国乳制品龙头企业，无论是伊利乳业和蒙牛乳业，还是光明乳业的效益均大幅提高。此外，在政策上，奶业作为我国优先发展的产业，为规范和推动奶业发展，颁布了一系列法规、标准，奶业实现了有法可依、有规可循。中央政府和地方政府先后出台了良种、标准化规模养殖、奶牛生产性能测定、购牛、粪污处理、基本建设、苜蓿种植与加工补贴等系列扶持政策。

6.1.2　国内外发展趋势与市场前景分析

1. 国内外发展趋势

国内外奶业发展总体趋势是全球一体化，养殖专业化、智能化，加工自动化，产品从高温加工转向低温化、营养化和安全化。

(1)国内外企业之间的合作与并购加快。国外奶业发达国家间的奶业并购加速，我国乳业参与全球资源整合和扩张加强，伊利、蒙牛、光明参与了多国企业的并购、合资、合作，我国乳品企业内部之间的并购和合作也在不断增加。

(2)养殖规模化和专业化加强。国内奶牛标准化养殖快速增加，散养和家庭养殖迅速退出奶牛养殖；国外从家庭饲养转向合作经营规模化合作社牧场养殖，高度集约化养殖正在形成。

(3)奶牛养殖的智能化应用加速。国外开始采用全智能挤奶、喂料和牛群管理系统。挤奶全过程不需要人参与，减少了人为操作的不便，最大限度降低了牛群通过挤奶设备传播疾病；机器人自动挤奶技术、自动电子计量、电子耳标、基于云计算的牧场管理软件系统国外已经开始推广应用，而我国尚处于研发阶段。

(4)饲养奶牛的总量有所减少，奶牛单产提高。国外在奶源方面以提高单产为主，奶牛数量基本维持稳定，甚至有减少养殖数量的趋势，美国奶牛平均单产达到 9t 以上。我国也在向着这个方向发展，单产已经取得较大幅度提高，从 2011 年的 5400kg，增加到 2015 年的 6000kg。

(5)加工自动化，产品低温化。由于人工成本高，发达国家乳制品加工几乎实现了封闭式全自动控制，不但降低了人工成本，也减少了污染，保障了质量安全。此外，随着营养健康的要求不断提高，发达国家乳制品基本实现了多样化、精细化和低温化，常温液态奶产品少见。国内液态奶加工也正在朝着低温巴氏杀菌方向发展，如重庆天友、北京三元、福建长富、新希望、南京卫岗、山东得益、广东燕塘、江西阳光、深圳晨光等巴氏鲜奶企业快速发展。市场调研数据显示，2014 年第一季度，全国巴氏鲜奶销售额增长率达到 24.3%，这个增长速度远远超过常温纯牛奶 8%～10%的增长速度，预示未来中国乳制品市场低温产品的比例将越来越大。

2. 市场前景分析

目前，我国奶业发展虽然取得较大成绩，但与国外奶业发达国家相比，与乳品消费需求增长速度相比，我国奶业发展仍是新兴的朝阳产业，未来发展潜力巨大、前景广阔。一是每年新增人口，使每年乳制品消费增长 4%～5%，特别是二孩政策可使消费成倍增长；二是居民收入增长超过 10%，可拉动消费增长 8%；三是我国人均奶类消费仅 28.08kg 左右，约是亚洲人均消费的 1/2，世界平均消费的 1/3。按照亚洲人均水平计算，我国乳制品消费需要增长 1 倍。随着物质生活水平的提高，牛奶消费认可度不断增加，预计 2020 年我国乳制品消费将增长 1 倍。消费在持续刚性增长，必然带动奶业更快、更大、更好的发展。因此，无论是我国还是四川省，乳业进一步发展的空间和潜力巨大。

6.2 四川乳业发展基础

6.2.1 产业基础分析

四川省奶业经过近二十年的发展，在饲草种植、奶牛养殖、疾病防控、乳制品加工、安全监控和物流，以及政策法规制定等环节培养了大量科技人才、积累了成套技术、建立了一大批养殖基地和加工厂及相关的基础设施，取得巨大经济效益，为四川省奶产业的进一步发展奠定了雄厚基础。

1. 建立了一大批奶源基地及相关设施

2013年年底四川省存栏中国荷斯坦及改良牛21.94万头，其中中国荷斯坦奶牛19.24万头、乳用西门达尔奶用牛2.5万头、娟姗奶牛0.04万头、改良奶牛(娟荷/西荷)0.16万头。此外，存栏西门达尔兼用牛及改良牛46.00万头；摩拉/尼里改良水牛6.00万头，其中奶水牛0.10万头；三州牧区挤奶牦牛110万头、奶山羊1.2万只。全省规模奶牛养殖小区和奶牛场276个，51个存栏奶牛200～1000头的标准化规模养殖小区(场)得到标准化改(扩)建；荷斯坦奶牛20头以上的规模养殖场占比上升到54.8%；机械化挤奶比例达到58%。2014年全省奶类产量70.6万t，高原牧区牦牛奶产量达到21.0万t，用于加工的商品鲜牛奶56.0万t，平均日供原料鲜奶达到1500t。四川省的中国荷斯坦奶牛及改良奶牛养殖和牛奶产量主要分布在眉山、成都、绵阳、南充、达州、凉山、雅安、资阳、自贡等9市州。其中眉山市为四川省及西南地区的奶业大市，眉山市奶牛存栏7.3万头，年奶产量20.00万t，奶牛存栏量和奶产量占全省1/3以上，牦牛奶生产主要分布于阿坝、甘孜两州。散养农户逐步退出奶牛养殖，呈现小规模分散养殖向适度规模养殖集中发展的趋势。粪污处理有较大突破，奶站和奶农合作组织建设初具规模，为四川奶业发展奠定了基础。

2. 形成了一批大中小乳制品加工企业

2011年四川省乳企通过重新备案审查，希望、菊乐、雪宝、伊利、蒙牛等20家企业通过审核换发乳制品生产许可证，乳制品加工企业主要分布在成都市特大城市经济圈，城郊型性质明显。全省乳制品加工企业日处理牛奶能力达到5500t，年加工能力195万t，产品主要为常温液态奶、低温保鲜奶、调制液体奶、发酵酸奶等产品。全省液态奶产销量达81.86万t，酸奶产量4万t。乳粉加工为调剂生产，年产量1.0万t。另外，存在大批量含乳制品生产。四川新希望、四川菊乐、成都伊利、四川蒙牛、四川雪宝、四川杨森、凉山三牧7家主要企业成为年产值过亿元企业，其中超过10亿元年产值的3家，产值5亿元以上的2家，产值1亿元以上的2家，全省乳制品及含乳制品总产值突破100亿元。

3. 基本建立了奶全产业

通过政府引导、市场竞争和企业投入，大型乳企基本完成了从乳源到标准化养殖、乳品加工、物流等全产业链建设。

4. 存在的主要问题

(1)养殖水平不高，存在单产低、饲料成本高等问题。由于四川地区空气潮湿、气温偏高，不利于奶牛的生长，奶牛热应激发生频率高，四川地区荷斯坦奶牛平均年单产约 5～6t，奶牛单产低；饲料本土化率不高，很多靠进口，运输距离长，成本居高不下，投入产出比低；奶牛生产年限低，目前四川地区的奶牛平均胎次仅 3.5 胎，提高了牛奶固定成本。

(2)存在产品质量和安全问题隐患，对于国产乳制品消费者信心不足。国家有关原料奶和乳制品的质量标准和卫生标准偏低，检测方法落后，对牧场及养殖小区的兽药使用缺乏监管，不利于乳品质量、生产效益和食品安全的提高。

(3)产品创新不够，品种单一，同质化现象严重。随着乳制品行业的快速发展，消费者饮奶需求的日益增加，以牛奶作为基础营养物质满足消费者需求的同时，消费者对牛奶赋予的功能特性、特色风味、新颖包装等需求日益增加，但四川省乳品企业的创新能力不足，在乳制品风味、品种、功能上的研发还有较大差距，特别是乳制品新品种较少，远远满足不了市场需要。

(4)低温冷链物流欠发达。巴氏奶无论是从营养水平还是节能环保等方面，都远远好于常温牛奶，同时在抵御进口产品、发展本土优势上具有战略意义，但由于缺乏足够的冷藏车、冷库、冰箱等专业化的冷链物流管理团队，在一定程度上影响了巴氏奶的推广和销售。

(5)技术研究能力薄弱，自主创新不足，缺乏核心技术。四川省对乳制品的基础研究不够，产学研合作不紧密，新工艺创新能力缺乏，乳品加工关键技术比较落后，科技研发经费投入少，科技成果转化力度不够。

6.2.2　创新基础分析

1. 研究基础

西南民族大学、四川畜牧科学研究院、四川省种公牛繁育站、四川农业大学、四川食品与发酵研究院、新希望乳业、四川菊乐、四川雪宝、四川伊利、四川蒙牛等单位有多年从事牧草种植、奶牛繁育、饲养管理、疾病防治、鲜乳保藏、乳品研发与加工和安全控制方面的研究基础，在奶产业化技术研究方面获得了大量研究资料，积累了丰富的推广服务经验。西南民族大学成立了畜产品加工团队，主要使命是围绕乳、肉产业过程技术需求开展研究；四川新希望乳业形成了技术研发中心，四川伊利和四川蒙牛分别由总部技术中心开发产品和进行技术攻关。在四川省科技厅的引导和协调下，通过“十一五”“十二五”、四川省现代奶业产业链项等，由新希望乳业牵头，联合大专院校和相关乳品企业建立了产学研紧密合作关系，高校和科研院所为技术支撑，完善工程技术中心和重点实验室等技术平台，形成现代产业的技术支撑体系。目前已在良种繁育、品种改良、饲草保障、标准化养殖、鲜乳保藏及加工、市场开发及物流环节研究积累了许多成果。其中申请相关专利 50 余件，发表论文 200 余篇，通过省级成果 5 项，攻克技术难题 12 项，形成新标准 5 项，研发新产品奶粉、常温液态奶、低温巴氏乳、发酵乳、奶酪、乳饮料六大类 40 多个新产品，培养了一批科研人才和基层技术人才。

2. 技术团队

西南民族大学组织本校动物科学、动物医学、食品科学相关专家和畜牧科学院、四川省食品与发酵研究院等相关专家，联合新希望、蒙牛、伊利、菊乐、雪宝、杨森等企业技术人员和决策人员，形成强大的奶业产业技术研发团队。研发团队拥有长期从事牧草种植、草料开发、奶牛繁育和饲养管理、乳产品加工、营销策划和品牌建设等方面研究和示范推广工作的专家教授40余名，包括教授、省学术和技术带头人、省优秀专家、省学术带头人后备人等，为奶产业发展提供了强有力的技术支撑。

3. 创新平台

四川省乳企的主要创新平台包括四川省国际合作基地、四川省企业技术中心、四川省乳业工程技术研究中心、四川省奶业产业技术创新联盟等。新希望集团作为国家级龙头企业、国家级技术中心，旗下的新希望乳业拥技术中心、13家乳品加工厂、11个规模化养殖牧场是创新的最好平台。

4. 重大成果

四川省乳业起步较晚，但在牧草种植、饲草加工、标准化养殖、疾病防疫、奶源控管、奶产品开发与加工、奶产品安全体系建设、营销与物流等方面都取得了显著成果。其中“低乳糖高蛋白强化技术研究及其在牛乳加工中应用”和“高活性益生菌风味酸奶新工艺关键技术研究与应用”在国内处于领先位置，并实施产业化，产生了显著经济效益和社会效益。研发成果获得四川省科技进步奖2项、成都市科技进步奖1项，通过省级成果鉴定3项，授权发明专利20余项。

6.3 四川乳业发展目标与创新需求

6.3.1 产业发展目标分析

四川省乳业未来五年的发展目标是：①推动奶牛良种化，提高奶牛单产5%以上，奶牛单产平均达到7t；②解决奶牛生产的饲料问题，抓好奶的质量安全，优化奶产品的结构和营销管理模式，提升奶业的规模和产值；③打造国家级乳产业技术中心1个、四川省奶业产业技术研究院1个，新建2～3个省级实验室和技术研发平台；④在成都市周边形成乳产业集群，将四川打造成为国内具有重要影响力的乳业基地。

1. 未来产业规模

四川省现有乳制品加工许可的24家企业中四川新希望、四川菊乐、成都伊利、四川蒙牛、四川雪宝、四川杨森、凉山三牧等7家主要企业成为年产值过亿元企业，产值合计达56亿元，预计2016年全省乳制品及含乳制品产值突破140亿元。未来3～5年，四川奶业无论在奶牛数量上，还是单产和总产量上都有较大增加，产品结构将有重大调整。预计到2018年，四川产值超过10亿元的乳企将达到4家，7家主要乳企总产值达到62亿元，乳制品及含乳制品产值突破160亿元；到2020年，四川省乳及乳制品总产值将达到200个亿，10亿元以上乳企达到5家，20亿以上的乳企至少1家(表6-1)。

表 6-1　乳产业发展目标

单位：亿元

重点方向	具体目标			
	细分领域	2016 年	2018 年	2020 年
常温液态奶	纯牛乳 调制乳	90	95	98
低温液态奶	—	12	16	22
酸奶	普通酸奶 功能性(益生菌)酸奶	15	20	25
乳饮料	—	15	18	21
特色乳产品	牦牛乳 山羊乳 水牛奶	3	4	5
奶粉	—	3	5	15
干酪制品	—	0.1	0.5	0.8
其他乳制品	—	5	10	15
合计	—	143.1	168.5	201.8

2. 产业发展路径

四川省奶业发展路径见图 6-1，主要路径节点分析如下。

1)政府加大乳业发展扶持力度，为奶业高速发展保驾护航

在原有的融资、财政、税收、人才引进等优惠政策的基础上，进一步加大帮扶力度；通过进一步引导高等院校、科研院所和企业加强产学研合作，促成科研成果转化平台建设，打通研究与转化困难的壁垒，建立有效的运作保障机制；依托高等院校、联合科研院所和企业建立奶产业研究团队，紧密围绕奶产业关键技术，从理论基础到应用技术创新开展系统深入地研究；对大型龙头企业加大科技创新和产品创新的科技经费投入，鼓励大型企业参与基础应用研究，提升企业在国内外的市场竞争力；对中小企业，引导发展规模化养殖区建设和工艺改造，提高奶源总量和产销总量，保障奶产品安全；重点培育 2~3 家中型企业，扩大奶源建设，带动加工产业化。

2)加强饲草利用研究，解决饲草不足和饲料成本高的问题

饲草不足，严重制约了四川省奶业养殖规模和原料奶质量。在未来 3 年，科研人员应认真总结经验，对四川草产量和可利用秸秆做出全面评估，切实解决草种搭配、规模种植、零散补种、高产优质等问题；在未来 5 年，应形成关于四川饲草种植和利用的成熟方案。结合退耕还林相关政策，企业一方面要联合农牧区社区发展高产优质的牧草种植；另一方面，要从科研院所获得草源、青贮储存、秸秆利用、饲草产品加工等技术帮助，共同解决饲草问题。

3)增加牧场建设，实行标准化养殖，提高奶牛单产

未来 3 年内，在绵阳、雅安、凉山、成都周边等有条件区域，新建 5～7 个标准化牧场，增加奶牛养殖数量；继续推进良种繁育、疾病防控、高效饲养、环保型牧场改造及牧场废弃物处理应用研究和新技术推广应用。未来 5 年内，结合良种繁育、高效饲养和疾病防控技术，重点提高

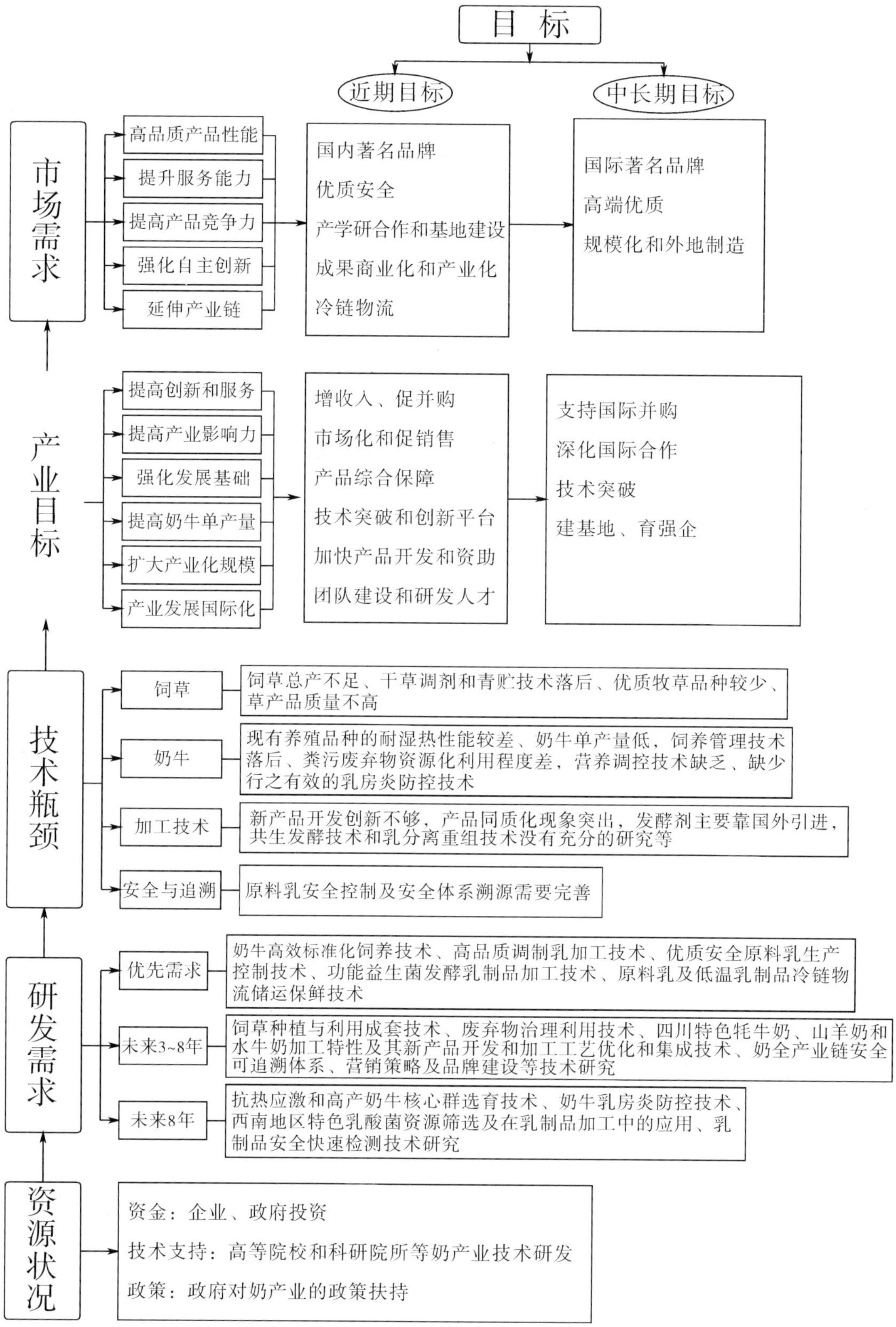

图 6-1 四川省奶业发展路径

四川省奶牛的单产量和使用年限，确保省内奶牛平均单产达到 7t 左右，好的牧场达到 8t 以上，奶牛使用年限延长半年以上，并且合理解决好牧场废弃物处理问题。通过外引内培，未来 10 年或更长时期内建立适合四川地区气候和环境的奶牛良种核心群。

4)加大经费投入，加强加快新产品开发，提升加工技术水平

四川省大部分乳品企业技术力量薄弱，经费投入少，创新不够，技术和产品在国内缺乏竞争力，以新希望为龙头的大型乳品企业同样面临着这样的问题。在加工方面，除伊利、蒙牛和新希望以外，大部分企业加工工艺和装备落后，距离现代化加工和安全保障有一定差距。在未来 3 年内，政府要加强企业引导，在加大科研经费投入的同时，要加强科研经费有效使用的监管。企业要加大科技创新的经费投入，合理利用好政府资金，加强应用技术创新研究和成果转化研究，加强低温、发酵、功能保健等领域的新乳制品的开发及新工艺技术和配套装备的研究与应用，加大国外先进加工技术和创新成果的引进消化，争取在技术上和产品创新方面与国内同行领先企业接近，5 年内达到行业领先水平。

5)强化食品安全监管，建立科学的安全保障体系

通过信息化、智能化手段利用云计算、物联网技术，建立奶牛健康状况监测、挤奶管理、饲喂管理、生奶运输、牛只定位、人员与环境管理、远程控制管理、奶产品加工及物流等全产业链食品安全可追溯系统。确保牧场的饲料、兽药、产品加工添加剂、加工卫生等食品安全指标可管可控，提升消费者对国产乳制品的消费信心。

6)加强冷链物流和品牌建设，满足市场需求

在现有的物流冷链设施基础上，进一步加强、延伸和优化低温物流冷链网络，确保低温乳制品保质保量到达市场和消费者；挖掘“互联网＋”的潜力，结合营销策略和品牌建设的投入，打造国家级著名品牌 2～3 个。

3. 产业分布区域

四川奶牛养殖和牛奶产区主要分布在眉山、成都、绵阳、南充、达州、凉山、雅安、资阳、自贡等 9 市州，其中眉山市已经规划为四川省及西南地区的奶业大市；乳制品加工企业主要分布在成都市特大城市经济圈，城郊型性质明显；牦牛养殖和牦牛奶产区主要分布在阿坝、甘孜两州(图 6-2)。

6.3.2　产业发展创新需求分析

现阶段四川省奶产业发展面临的主要问题是奶源建设投入不够，饲草总产不足，草产品质量不高，优质牧草品种较少，干草调剂和青贮技术落后，现有养殖品种的耐湿热性能较差，奶牛单产奶量低，饲养管理技术落后，营养调控技术缺乏，缺少行之有效的乳房炎防控技术，粪污废弃物资源化利用程度差；清洁奶源薄弱，新产品开发创新不够，产品同质化现象突出，冷、热加工和工艺与乳产品的品质变化研究不够，发酵乳制品的发酵剂主要靠国外引进，没有利用好本地特色资源，低温发酵乳结合益生菌发酵共生发酵技术没有充分的研究，干酪加工技术没有受到重视，婴幼儿乳粉加工技术缺乏，乳成分分离和重组技术几乎是空白，原料乳安全控制及安全体系溯源需要完善。

在未来四川乳业的发展进程中，急需突破牧草育种、饲草加工及秸秆有效利用、提高奶牛耐湿热能力和单产量、乳房炎防控技术、新型乳深加工、食品安全保障体系、智能化快速在线检测

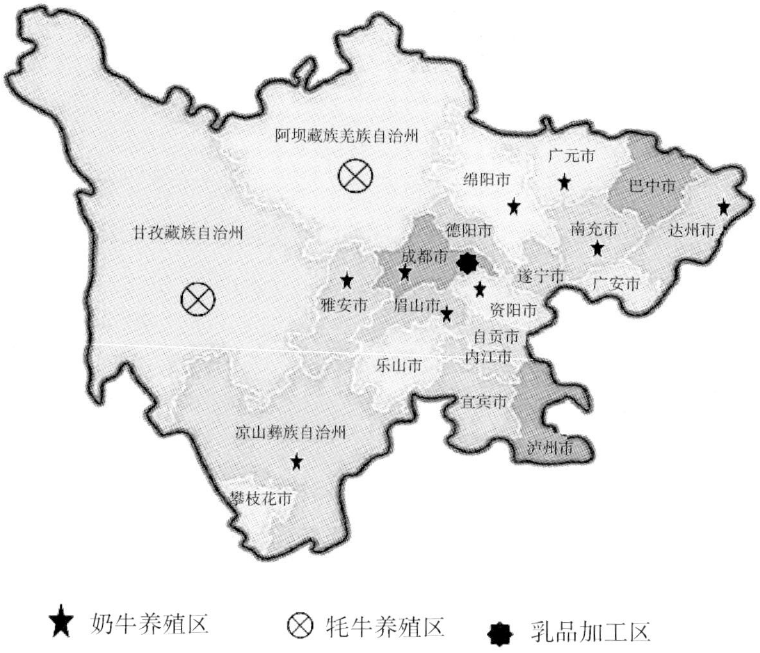

图 6-2　四川省奶业分布区域图

和发酵剂优化等技术；急需研发高品质高产量牧草品种、耐湿热能力强和单产量高的奶牛品种、系列高活性益生菌发酵乳产品、系列低温巴氏杀菌风味乳、系列谷物发酵益生菌乳、低乳糖调剂型高蛋白乳、特色调制乳和低温物流监控及配套装备。急需以高等院校为主体，联合科研院所、省内主要企业及国外乳品专家组建四川省奶产业创新团队，围绕奶产业关键技术链开展技术创新和产品创新研究；依托大型企业建立重大创新平台，形成工程技术中心和四川乳产业技术研究院，针对奶产业链关键环节进行工艺创新和技术创新及产业化产品中试、产品试产研究；在养殖和加工方面，急需加强与欧美等国家的技术合作和产业化研究合作。

6.4　优先发展的技术与优先研发的重大产品建议

6.4.1　优先发展的技术

1. 饲草种植与加工技术

(1)主要研究内容：高产优质牧草种植技术，特别是豆科牧草与禾本科套种技术，青饲料调制和秸秆利用技术，提高可利用饲草量和满足季节性不足方面的相关技术研究和技术集成创新研究。

(2)预期技术经济指标：提高四川省草产量 30%以上，形成青贮饲料和秸秆利用成套可操作的技术规程或标准化技术 2～3 项，发明专利技术 2～3 项。

(3)研发年限：3 年。

2. 奶牛高效标准化饲养技术

(1)主要研究内容：优质奶牛高效繁育技术、重大疫病防控技术、肢蹄病控制技术、饲草利用与加工技术、高效饲料质量调剂技术、奶牛热应激控制技术、奶牛舒适度控制方面的技术研究和集成创新研究，提高单产量和总产量。

(2)预期技术经济指标：提高奶产量15%以上，无重大疾病发生，肢蹄病减少50%，形成成套可操作的技术规程或标准化技术 3～5 项，发明专利技术 2～4 项。

研发年限：3 年。

3. 优质安全原料乳生产控制技术

(1)主要研究内容：优化饲草种类、饲草品质、精粗饲料及营养平衡，研究奶牛高产优质原料乳生产的最佳饲养方案和饲养水平，提高乳成分营养素含量，形成牧场用药与停药最佳方案，减少农药兽药残留、重金属污染、霉菌污染等，提高原料乳的安全性。

(2)预期技术经济指标：减少农药兽药残留 50%以上，减少微生物污染 30%以上，提高蛋白质含量 0.5%以上，提高产奶量 10%以上，形成优质安全的原料乳生产标准技术 3～5 套，发明专利技术 2～3 项。

(3)研发年限：3 年。

4. 功能益生菌发酵乳制品加工技术

(1)主要研究内容：安全发酵剂菌种的筛选与优化研究，低温共生益生菌发酵与风味控制技术、高活性复合益生菌发酵技术、无添加剂酸奶生物发酵技术和地方特色益生菌发酵技术及益生菌发酵乳配方和加工工艺技术研究。

(2)预期技术经济指标：研发低温益生菌酸乳制品 5 种以上，形成标准化加工技术 3～5 套，发明专利技术 3～5 项。

(3)研发年限：3 年。

5. 高品质调制乳加工技术

(1)主要研究内容：特色植物资源筛选及可加工性研究，乳源成分组装技术、安全乳化体系筛选与构建技术、调制乳加工工艺技术的优化与集成技术研究。

(2)预期技术经济指标：研发新产品 4 种以上，形成标准化加工技术 3～5 项，发明专利技术 3～5 件。

(3)研发年限：3 年。

6. 原料乳及低温乳制品冷链物流储运保鲜技术

(1)主要研究内容：原料乳微生物污染控制技术、保藏、运输和加工过程载体微生物和化学污染控制技术及装备优化与安全风险评估的研究。

(2)预期技术经济指标：形成低污染高质量乳产品的标准化挤奶、保藏、运输和加工工艺集成技术 2～3 套，发明专利技术 1 项以上。

(3)研发年限：2 年。

此外，在未来3～8年内需要完成饲草选育、废弃物治理利用技术、鲜干酪加工技术、特色牦牛奶、山羊奶和水牛奶加工特性、新产品开发和加工工艺优化和集成技术、奶全产业链安全可追溯体系、营销策略及品牌建设等技术研究。未来10年或更长时期内完成抗热应激和高产奶牛核心群选育技术、奶牛乳房炎防控技术、西南地区特色乳酸菌资源筛选及在乳制品加工中的应用、乳制品安全快速检测及在线检测技术研究。

6.4.2 优先研发的重大产品

1. 功能性益生菌发酵乳及乳饮料

(1)主要特点：具有调节胃肠道微生物平衡、降胆固醇、降血脂、提高免疫力，富含营养素、风味独特、消化率高等单个或多个功能。

(2)预期发展规模：未来3年规模达到26个亿，未来5年达到62个亿。

(3)研发年限：3年。

2. 乳成分及植物源风味调制乳

(1)主要特点：营养平衡、高蛋白、胆固醇低、口感独特、食用安全。

(2)预期发展规模：未来3年规模达到10个亿，未来5年达到15个亿。

(3)研发年限：3年。

3. 新型低温巴氏乳制品

(1)主要特点：低温巴氏加工处理，富营养、高蛋白、风味好、健康安全。

(2)预期发展规模：未来3年规模达到8个亿，未来5年达到16个亿。

(3)研发年限：3年。

4. 特色产品

(1)主要特点：利用四川本地牦牛奶、水牛奶或山羊奶开发的产品，或者是利用普通牛奶开发具有四川风味(如腊肉风味、麻辣风味)的固态乳制品等。

(2)预期发展规模：未来3年规模达到3个亿，未来5年达到5个亿。

(3)研发年限：3年。

王礞礞，许怡然．2013．转型升级创新发展—— 2013 年中国乳业技术创新与可持续发展大会专家报告集锦(一)[J]．中国乳业，(9)：5-6．

王威，方志权．2010．中国乳品产业发展模式的转型与对策[J]．农业现代化研究，31(1)：12-14，33．

王晓红．2005．四川城乡居民消费结构比较研究[J]．经济体制改革，(4)：33-36．

王洋，李翠霞，苏惟真．2013．黑龙江省城乡乳品消费比较研究[J]．黑龙江畜牧兽医，(20)：18-20．

王颖，赵泽民．2008．浅析高新技术在乳品加工中的应用[J]．黑龙江科技信息，(6)：1-1．

王占川，宝鲁德，周子彦，等．2011．秸秆生物饲料技术开发的过去、现在和将来[J]．畜牧与饲料科学，32(1)：53-54．

魏传立，王福林．2010．我国乳制品业的现状与发展研究[J]．农机化研究，32(1)：241-244．

魏秀芬，周莹．2014．我国原料乳价格波动、影响及建议[J]．天津农学院学报，(3)：41-43．

谢文，项喜章．2010．我国乳制品业发展的现状问题及对策分析[J]．农产品加工：学刊，(12)：80-82．

杨传兵．2011．青贮氨化饲料技术推广应用存在的问题及对策[J]．现代农业科技，(15)：337-340．

姚迅．2010．城市消费者超市购买乳制品的影响因素研究——以成都市为例[D]．成都：四川农业大学．

俞燕．2010．我国乳品产业链危机分析及基本对策[J]．中国畜牧杂志，46(10)：27-29．

张俊．2012．基于 SWO 吨框架的中国乳品企业战略研究——以伊利、蒙牛和光明公司为例[D]．武汉：华中农业大学．

张刘平．2014．现代食品工程高新技术在乳品工业中的应用[J]．中外食品工业月刊，28(11)：26-26．

张元跃．2000．奶牛繁殖技术与育种方案[J]．中国奶牛，(4)：29-31．

赵剑峰，高启杰．2008．我国乳品制造企业技术创新现状及对策分析[J]．27(3)：15-18．

赵双．2009．城乡居民消费差异及影响因素分析——以四川为例[D]．成都：四川农业大学．

朱秀高，李荣娥，王捍东．2010．当前国内原料乳掺假状况及原因分析与对策[J]．草业与畜牧，(12)：51-52．

Kawaguchi T，Suzuki N，Kaiser H M．1997．A spatial equilibrium model for imperfectly competitive milk markets[J]．American Journal of Agricultural Economics，79(3)：851-859．

主要参考文献

陈甜甜. 2010. 中国城乡居民乳品消费研究[D]. 南京：南京农业大学.

陈映川. 2013. 从乳制品看我国的关税保护[J]. 太原理工大学学报(社会科学版)，31(1)：18-22.

董晓霞，刘自杰. 2011.《中新自贸协定》实施后对我国奶粉进口的影响分析[J]. 中国食物与营养，17(6)：38-41.

杜琨，刘钊. 2006. 中国干酪产业发展对策[J]. 食品研究与开发，27(5)：156-157.

付琦，李杰. 2013. 我国乳业发展现状与展望[C]. 第四届中国乳业大会论文集.

谷继承. 2014. 中国奶业的现状与展望[J]. 食品安全导刊，(15)：25.

顾佳升. 2014. 中国奶制品现状及鲜奶情况[J]. 中国乳业，(7)：16-24.

关聪，张冰. 2013. 现代食品工程高新技术在乳品工业中的应用[J]. 黑龙江科技信息，(14)：7.

贺迎春. 2011. 论提高中国居民乳品消费水平[D]. 湘潭：湘潭大学.

红霞. 2006. 澳大利亚乳品技术发展简述[J]. 中国乳业，(5)：68-70.

黄冬成，张新春. 2012. 乳品加工的关键技术和主要设备探析[J]. 无线互联科技，2012，(8)：95.

鞠印凤，崔立雪. 2013. 原料乳优劣对酸奶质量的影响[J]. 中国乳业，(5)：46-48.

李春莉，李芳玲，张天桥. 2014. 奶牛生产性能测定(DHI)在规模奶牛场中的应用[J]. 山东畜牧兽医，35(11)：48.

李明岩. 2014. 高新技术在乳品加工中的应用分析[J]. 科技创新与应用，(19)：288.

李宁，张瑞荣. 2013. 中国乳制品流通模式探究——基于乳制品安全的角度[J]. 内蒙古统计，(3)：13-15.

李蕊蕊，符恒，刘永峰. 2014. 添加型功能性乳制品的开发现状与前景[J]. 中国乳业，(2)：56-59.

李瑞红. 2012. 提高乳品加工业科技创新能力对策研究[D]. 保定：河北农业大学.

李胜利，曹志军，刘玉满，等. 2015. 2014 年中国乳业回顾与展望[J]. 中国畜牧兽医，51(2)：22-28.

李胜利. 2014. 我国奶源基地建设发展及存在的问题[J]. 中国乳业，(9)：16-17.

梁小玉，付茂忠，季杨，等. 2011. 四川农区奶牛粗饲料生产利用技术[J]. 中国草食动物，31(1)：75-77.

刘成果. 2006. 我国奶牛饲料业的现状及发展对策[J]. 中国饲料，(3)：1-3.

刘海涛，张永强. 2013. 高产奶牛的养殖技术[J]. 当代畜牧，2013，35：73-74.

刘丽佳. 2013. 加拿大的牛奶及乳品业概况[J]. 世界农业，(2)：103-104.

刘玉满，李胜利. 2015. 2015 年 2 月分析报告[N]. 中国乳业经济月报，03-10.

陆志霖. 2013. 国内乳品加工企业近四成亏损[J]. 乳品与人类，(31)：60.

马云，邹建波，王恒. 2002. DHI 体系及其在奶牛饲养管理中的应用[J]. 黄牛杂志，28(6)：22-26.

那达木德. 2013. 中国乳业发展的几个趋势性问题[J]. 中国乳业，(12)：36-39.

钱贵霞，解晶. 2010. 中国原料奶供求矛盾及其影响解析[J]. 内蒙古大学学报：哲学社会科学版，42(5)：58-65.

权聪娜. 2011. 乳品加工业科技需求分析[J]. 广东农业科学，38(24)：77-79.

王建文. 2009. 四川奶业发展的回顾与展望[J]. 四川畜牧兽医，(5)：16-17.

王可山，洪岚，杨宝宏. 2008. 北京市乳制品流通的基本情况和特点[J]. 中国乳业，(12)：28-30.

王利娟. 2013. 四川省城乡居民收入差距对居民消费需求的影响分析[D]. 成都：西南财经大学.